Immunität Internationaler Organisationen

SCHRIFTEN
zum internationalen und zum öffentlichen
RECHT
Herausgegeben von Gilbert Gornig

Band 53

PETER LANG
Frankfurt am Main · Berlin · Bern · Bruxelles · New York · Oxford · Wien

Chie Sato

Immunität Internationaler Organisationen

PETER LANG
Europäischer Verlag der Wissenschaften

Bibliografische Information Der Deutschen Bibliothek
Die Deutsche Bibliothek verzeichnet diese Publikation in der Deutschen Nationalbibliografie; detaillierte bibliografische Daten sind im Internet über <http://dnb.ddb.de> abrufbar.

Zugl.: Marburg, Univ., Diss., 2003

Gedruckt auf alterungsbeständigem,
säurefreiem Papier.

D 4
ISSN 0943-173X
ISBN 3-631-51379-8

Printed in Germany 1 2 3 4 5 7

www.peterlang.de

Vorwort

Die vorliegende Arbeit wurde im Sommersemester 2003 vom Fachbereich Rechtswissenschaften der Philipps-Universität Marburg als Dissertation angenommen.

Danken möchte ich meinem Doktorvater, Herrn Prof. Dr. Gilbert Gornig, der mich nicht nur wissenschaftlich unterstützt hat, sondern teilweise höchstpersönlich sprachliche Korrekturen vorgenommen hat. Des weiteren bedanke ich mich bei Herrn Prof. Dr. Steffen Detterbeck, der die Arbeit als Zweitkorrektor betreute.

Mein besonderer Dank gilt weiter allen, die mir während der Abfassung der Arbeit in vielfältiger Weise geholfen haben, insbesondere denjenigen, welche Teile der Arbeit für mich sprachlich korrigiert haben. Auch danke ich meinen Eltern, die mich während der gesamten Ausbildungszeit stets in jeder Weise unterstützt und gefördert haben.

Das Land Hessen hat das Entstehen dieser Arbeit durch ein Stipendium gefördert.

Marburg, Herbst 2003

Chie Sato

Inhaltsverzeichnis

KAPITEL 2:

KAPITEL 3:

Abkürzungsverzeichnis

AJIL	American Journal of International Law
ALADI	The Latin-American Integration Association
AÜG	Arbeitsnehmerüberlassungsgesetz
BayVBl.	Bayerische Verwaltungsblätter
BGBl.	Bundesgesetzblatt
BVerfGE	Entscheidungen des Bundesverfassungsgerichts
BVerwGE	Entscheidungen des Bundesverwaltungsgerichts
BYIL	British Yearbook of International Law
CEPT	Konferenz der europäischen Post- und Telefonverwaltungen
EG	Europäischen Gemeinschaften
EGKS	Europäische Gemeinschaft für Kohle und Stahl
EMBL	Europäische Laboratorium für Molekularbiologie
ESM	Europäische Schule München
ESOC	Europäische Organisationszentrum für Weltraumforschung
EuGH	Gerichtshof des Europäischen Gemeinschaften
EUMETSAT	Europäische Organisation für die Nutzung von meteorologischen Satelliten
EUTELSAT	Europäische Fernmeldesatellitenorganisation
EWG	Europäische Wirtschaftsgemeinschaft
EWO	Europäische Weltraumorganisation
F. 2d	Federal Reporter (Second Series)
FSIA	Foreign Sovereign Immunities Act
GVG	Gerichtsverfassungsgesetz
IAEO	Internationale Atomenergie-Organisation
ICJ Report	International Court of Justice, Reports of Judgments, Advisory Opinions and Orders
IGH	Internationaler Gerichtshof
ILM	International legal Materials
ILO	Internationale Arbeitsorganisation
ILR	International Law Report
IOIA	International Organizations Immunities Act
IPRax	Praxis des internationalen Privat- und Verfassungsrecht

i. V. m.	in Verbindung mit
JIR	Jahrbuch für internationales Recht
LG	Landgericht
MERCOSUR	Southern Cone Common Market
NAFTA	Nordamerikanisches Freihandelsabkommen
NATO	Nordatlantikvertrags-Organisation
NJW	Neue juristische Wochenschrift
OAS	Organization of American States
PAHO	Pan American Health Organizations
RdC	Recueil des Cours de l'Académie de droit international de la Haye
RGBl.	Reichsgesetzblatt
RGZ	Entscheidungen des Reichsgerichts in Zivilsachen
S.I.	Statutory Instruments
UNESCO	Organisation der Vereinten Nationen für Erziehung, Wissenschaft und Klutur
U.S.C.	United States Code
VwGO	Verwaltungsgerichtsordnung
WMO	Weltorganisation für Meteorologie
ZaöRV	Zeitschrift für ausländisches öffentliches Recht und Völkerrecht

Einleitung

Die vorliegende Arbeit behandelt die Immunität der Internationalen Organisationen. Nach allgemeiner Meinung genießen nicht nur die Staaten, sondern auch Internationale Organisationen Immunität.[1] In dieser Arbeit soll untersucht werden, ob und wie sich die Immunität der Internationalen Organisationen rechtlich begründen läßt.

Der völkerrechtliche Begriff der Internationalen Organisation erfaßt allein die zwischenstaatlichen Internationalen Organisationen, diejenigen Internationalen Organisationen also, die sich aus Staaten zusammensetzen. Auch in dieser Arbeit soll von diesem völkerrechtlichen Begriff ausgegangen werden, so daß die nichtstaatlichen Internationalen Organisationen (*non-governmental organizations – NGO*) hier außer Betracht bleiben, obgleich auch sie in den internationalen Beziehungen eine wichtige Rolle spielen.[2]

Ursprünglich waren nur die einzelnen Staaten Völkerrechtssubjekte. Angesichts zunehmender internationaler Verflechtungen, auch im Zusammenhang mit der Industrialisierung, ist eine Vielzahl von Problemen entstanden, die von den souveränen Staaten allein nicht mehr bewältigt werden kann. Als Beispiele sind die internationale Friedenssicherung, die Förderung wirtschaftlicher und sozialer Entwicklungen, die Achtung der Grund- und Menschenrechte und der Umweltschutz zu nennen.[3] Um diese Probleme lösen zu können, haben einzelne Staaten sich zu Internationalen Organisationen zusammengeschlossen. Da Internationale Organisationen nicht wie Staaten über ein eigenes abgeschlossenes Gebiet verfügen und sich innerhalb eines oder mehrerer souveräner Staatsgebiete betätigen, wurden mit der zunehmenden Etablierung Internationaler Organisationen neue völkerrechtliche Regeln zu ihrem Schutz notwendig. Dabei

---

1 V. Epping, in: K. Ipsen, Völkerrecht, 4. Aufl., 1999, S. 399; I. Seidl-Hohenveldern/G. Loibl, Das Recht der Internationalen Organisationen einschließlich der Supranationalen Gemeinschaften, 7. Aufl., 2000, S. 280.

2 Z. B. betätigten sich die NGO's in der Weltwirtschaftskonferenz 1999 in Seattle erfolgreich als eine Art „außerparlamentarische Opposition" und verhinderten das Zustandekommen eines multilateralen Abkommens über den Investitionsschutz – MAI –, vgl. I. Seidl-Hohenveldern/G. Loibl, Das Recht der Internationalen Organisationen einschließlich der Supranationalen Gemeinschaften, 7. Aufl., 2000, S. 3.

3 M. Ruffert, Zuständigkeitsgrenzen internationaler Organisationen im institutionellen Rahmen der internationalen Gemeinschaft, in: Archiv des Völkerrechts, Bd. 38, 2000, S. 129.

wurde den Internationalen Organisationen zum einen Völkerrechtssubjektivität zugebilligt, zum anderen mußte das Völkerrecht auch einen Rahmen schaffen, um die erfolgreiche Wahrnehmung ihrer Aufgaben durch die Internationalen Organisationen zu sichern. Innerhalb dieses Rahmens erscheint es als besonders wichtig, die Unabhängigkeit von Internationalen Organisationen gegenüber ihren Mitglied- und gegenüber Drittstaaten abzusichern. Ein wirksames Instrument hierbei ist die Anerkennung einer Immunität und bestimmter Privilegien auch der Internationalen Organisationen. Dabei handelt es sich etwa um die Freistellung von der nationalen Gerichtsbarkeit, die Unverletzlichkeit der Gebäude und Archive der Organisation und die Befreiung von der Steuerpflicht.

Diese Arbeit befaßt sich zunächst mit der Darstellung der Immunitäten und Privilegien Internationaler Organisationen im Zusammenhang mit der Freistellung von nationaler Gerichtsbarkeit. Dies hängt auf der einen Seite mit der hervorgehobenen Bedeutung gerichtlicher Entscheidungen als der Grundlage für staatliche Zwangsmaßnahmen zusammen, auf der anderen Seite damit, daß das Steuerrecht, auch das internationale (oder Außen-)Steuerrecht, eine sehr spezielle und besondere Regeln erfordernde Rechtsmaterie darstellt. Die Unverletzlichkeit von Räumlichkeiten einer Internationalen Organisation schließlich eignet sich weniger als Untersuchungsgegenstand, da die völkerrechtlichen Aspekte dieses Problems nur schwer von den jeweils betroffenen innerstaatlichen öffentlich-rechtlichen Grundsätzen getrennt werden können, wie etwa der Unverletzlichkeit der Wohnung nach Artikel 13 Grundgesetz im deutschen Recht.

Bei der Untersuchung der Immunität von Internationalen Organisationen kann grundlegend unterschieden werden zwischen ihrer Immunität aufgrund völkerrechtlicher Verträge (zumeist den jeweiligen Gründungsverträgen) sowie ihrer Immunität aufgrund von Völkergewohnheitsrecht. Außerdem ist die folgende Unterscheidung notwendig: Zum einen kann die Frage gestellt werden, inwieweit Internationale Organisationen im Verhältnis zu ihren eigenen Mitgliedstaaten Immunität genießen, zum anderen die Frage, inwieweit sie im Verhältnis zu Drittstaaten bzw. sonstigen Völkerrechtssubjekten immun sind.

Die Anerkennung einer Immunität Internationaler Organisationen aufgrund von Völkervertragsrecht erscheint jedenfalls dann unproblematisch, wenn es um das Verhältnis der Internationalen Organisation zu ihren Mitgliedstaaten geht und die Mitgliedstaaten die Immunität der Internationalen Organisation ausdrücklich vertraglich vereinbart haben. In diesem Fall stellt sich allein die Frage nach der Reichweite der Immunität der Internationalen Organisation.

Bei dem Verhältnis einer Internationalen Organisation zu Nichtmitgliedstaaten können wiederum zwei verschiedene Fälle unterschieden werden: Im ersten Fall hat die Internationale Organisation Einzelheiten ihrer Tätigkeit und auch ihrer Immunität im Hoheitsgebiet des Nichtmitgliedstaates im Wege eines Vertrags bzw. einer beliebigen völkerrechtlichen Willenseinigung vereinbart. In diesem Fall ergibt sich die Immunität der Internationalen Organisation im Verhältnis zu dem betreffenden Nichtmitgliedstaat ohne weiteres aus der vertraglichen Regelung. Fraglich ist auch hier allein die Reichweite der Immunität. Im zweiten Fall hat die Internationale Organisation keinen Vertrag über ihre Immunität mit dem Drittstaat geschlossen, in welchem sie jedoch gleichwohl ihren Sitz oder aber zumindest ihren Tätigkeitsbereich hat. Dies ist der problematische Fall, in welchem sich die Immunität der Internationalen Organisation nur aus Völkergewohnheitsrecht ergeben könnte. Viele Internationale Organisationen üben ihre Tätigkeit auch außerhalb ihrer Mitgliedstaaten oder sogar weltweit aus. Aus diesem Grund ist die Frage von großer praktischer Bedeutung, ob Internationalen Organisationen auch völkergewohnheitsrechtlich Immunität im Verhältnis zu anderen Völkerrechtssubjekten zuzusprechen ist.

Zu dieser Frage als dem Problemschwerpunkt der vorliegenden Arbeit soll zunächst untersucht werden, ob eine völkerrechtliche Praxis festgestellt werden kann, die als Völkergewohnheitsrecht anzusehen ist. Wenn eine solche Praxis nicht festgestellt werden kann, so soll versucht werden – und dieser Versuch wird den Hauptteil der Arbeit darstellen –, einen eigenen Ansatz zu entwickeln, wie eine Immunität Internationaler Organisationen rechtlich begründet werden kann. Diese rechtliche Begründung soll maßgeblich auf einem Vergleich der Internationalen Organisationen als derivative Völkerrechtssubjekte mit den Staaten als den originären Völkerrechtssubjekten und ursprünglichen Trägern der Immunität beruhen. Die Tatsache, daß die Rechtspersönlichkeit Internationaler Organisationen sich von denen ihrer Mitgliedstaaten ableitet, läßt darauf schließen, daß es sich bei der Immunität Internationaler Organisationen ebenfalls um eine nur abgeleitete Immunität handelt, welche möglicherweise schwächer ausgeprägt und mit einer geringeren Reichweite ausgestattet sein könnte als die Immunität von Staaten. Jedoch kann es sich bei diesem Schluß um nicht mehr als um eine bloße und noch genauer zu untersuchende Vermutung handeln.

KAPITEL 1:

Internationale Organisationen

Innerhalb der innerstaatlichen Rechtsordnung wird natürlichen Personen die Möglichkeit gegeben, sich zu juristischen Personen zusammenzuschließen. Auf der internationalen Ebene besteht auf Grundlage des Völkerrechts für souveräne Staaten die Möglichkeit, völkerrechtliche Verbindungen zu bilden, nämlich die Internationalen Organisationen.

§ 1 Begriff der Internationalen Organisation

Es existieren unterschiedliche Auffassungen über die Merkmale von Internationalen Organisationen. Anhand der Arbeitspraxis der Vereinten Nationen, des früheren Völkerbundes oder der Internationalen Arbeitsorganisation (im folgenden *ILO*) kann jedoch ein allgemeiner Konsens über die Definition von Internationalen Organisationen abgeleitet werden.[4] Demnach ist eine Internationale Organisation ein Völkerrechtssubjekt, in welchem Staaten als Mitglieder auf Dauer für gemeinsame Ziele durch ein Organ oder mehrere Organe zusammenarbeiten und welches durch einen völkerrechtlichen Vertrag bzw. durch eine Willenseinigung begründet wird.[5]

I. Begründung durch einen völkerrechtlichen Vertrag oder eine völkerrechtliche Willenseinigung

Grundsätzlich wird eine zwischenstaatliche Internationale Organisation durch einen völkerrechtlichen Vertrag bzw. eine sonstige völkerrechtliche Willenseinigung begründet.[6] Diese Verträge oder Willenseinigungen sind oftmals die

---

4 E. Klein, in: W. G. Vitzthum (Hrsg.), Völkerrecht, 2. Aufl., 2001, S. 277.

5 K. Doehring, Völkerrecht, 1999, S. 86; V. Epping, in: K. Ipsen, Völkerrecht, 4. Aufl., 1999, S. 71; E. Klein, in: W. G. Vitzthum (Hrsg.), Völkerrecht, 2. Aufl., 2001, S. 277; H. G. Schermers/N. Blokker, International Institutional Law, 3. Aufl., 1995, S. 23; I. Seidl-Hohenveldern/G. Loibl, Das Recht der Internationalen Organisationen einschließlich der Supranationalen Gemeinschaften, 7. Aufl., 2000, S. 5.

6 V. Epping, in: K. Ipsen, Völkerrecht, 4. Aufl., 1999, S. 72, S. 391; P. Sands/P. Klein, Bowett's Law of International Institutions, 5. Aufl., 2001, S. 16; H. G. Schermers/ N. Blokker, International Institutional Law, 3. Aufl., 1995, S. 23; M. Shaw, International Law, 4. Aufl., 1997, S. 917.

Gründungsverträge oder Satzungen der jeweiligen Organisation.[7] Obwohl die Begründung einer Internationalen Organisation prinzipiell einen völkerrechtlichen Vertrag erfordert, lassen sich in der Praxis manche Durchbrechungen nachweisen, so fehlt häufig eine rechtliche Grundlage. In einigen Fällen wurden Internationale Organisationen durch die Einigung von Repräsentanten der Regierungen der beteiligten Staaten auf einer internationalen Konferenz begründet, ohne daß der Abschluß eines förmlichen völkerrechtlichen Vertrags und eine anschließende Ratifizierung durch die Parlamente der Mitgliedstaaten erfolgte.[8] Außerdem gibt es Fälle, in denen Internationale Organisationen ohne eine eindeutige schriftliche Entscheidung der Regierungen der Mitgliedstaaten begründet worden sind.[9]

Als Beispiel für eine nicht auf einer ausdrücklichen Entschließung beruhenden zwischenstaatlichen Internationalen Organisation ist der Nordische Rat zu nennen. Der Nordische Rat ist aufgrund parlamentarischer Entscheidungen der Volksvertretungen Dänemarks, Islands, Norwegens sowie Schwedens am 20. August 1952 gegründet worden.[10] Zwischen diesen Staaten hat es wohl eine Willensübereinstimmung hinsichtlich der Gründung des Nordischen Rats gegeben, deren genauer Inhalt allerdings schwer nachzuweisen ist. Da jedoch die aktive Teilnahme der Regierungen sämtlicher beteiligter Staaten an der Arbeit des Nordischen Rats feststeht, ist der Nordische Rat unzweifelhaft als eine Internationale Organisation zu bezeichnen.[11]

Somit existieren offenbar unterschiedliche Möglichkeiten der Begründung einer Internationalen Organisation. Es ist daher fraglich, welche allgemeingültigen Kriterien für eine Begründung benannt werden können. Wegen ihrer völkerrechtlichen Subjektivität ist es wichtig, den Begriff der zwischenstaatlichen Organisation nicht zu weit zu fassen. Jedenfalls ist zu verlangen, daß Internationale Organisationen, welche ohne völkerrechtlichen Vertrag bzw. ohne eine schriftliche Willenseinigung begründet worden sind, den Abschluß einer zwi-

---

7 V. Epping, in: K. Ipsen, Völkerrecht, 4. Aufl., 1999, S. 72, S. 391.

8 H. G. Schermers/N. Blokker, International Institutional Law, 3. Aufl., 1995, S. 23, nennt als Beispiele *Asian-African Legal Consultative Committee, The Inter-American Defense Board, The International Wool Study Group.*

9 H. G. Schermers/N. Blokker, International Institutional Law, 3. Aufl., 1995, S. 24.

10 A. Berg, in: Encyclopedia of Public International Law, Bd. III, 1997, S. 639; F. Wendt, The Nordic Council and the Nordic Council of Ministers Structure and Functions, 1973, S. 3.

11 H. G. Schermers/N. Blokker, International Institutional Law, 3. Aufl., 1995, S. 24.

schenstaatlichen Gründungsvereinbarung nachweisen, wenn sie sich als eine zwischenstaatliche Internationale Organisation bezeichnen.[12] Eine zwischenstaatliche Vereinbarung ist ein eindeutiger Beweis für das Vorliegen einer zwischenstaatlichen Organisation.[13] Das grundsätzliche Erfordernis des Abschlusses eines förmlichen völkerrechtlichen Vertrags ist auch deshalb von Bedeutung, weil es sich bei der Gründung einer Internationalen Organisation gleichzeitig um den Akt der Begründung eines völlig neuen, von den vertragsschließenden Staaten unabhängigen Völkerrechtssubjekts handelt.[14] Insbesondere dann, wenn bisherige Organe einer bereits bestehenden Internationalen Organisation in Organe einer von dieser unabhängigen neuen Internationalen Organisation umgewandelt werden, ist die Klarstellung einer eindeutigen völkervertragsrechtlichen Fixierung wichtig.[15] Das Vorliegen eines eindeutigen Gründungsvertrags ist auch vor dem Hintergrund der partiellen Völkerrechtssubjektivität Internationaler Organisationen von erheblicher Bedeutung, da Internationalen Organisationen ausschließlich für ihr festgelegtes Aufgabengebiet Rechtssubjektivität zugesprochen wird. Dieses Aufgabengebiet läßt sich aber nur anhand einer gründungsvertraglichen Vereinbarung klar abgrenzen. Somit muß dieser Aufgabenbereich der Organisation der Satzung oder dem Gründungsvertrag entnommen werden können.[16] Aus zwei Gründen ist es sehr wichtig, daß der Gründungsvertrag einer Internationalen Organisation deren Zweck klar herausstellt. Der erste Grund ist, daß durch eine Interpretation des Vertrags Streitfälle bezüglich des Aufgabenbereichs der Internationalen Organisation gelöst werden können.[17] Der zweite Grund ist, daß eine Organisation ihre Kompetenzgrenzen unter Berufung auf ihren Organisationszweck selbständig weiter ausdehnen kann und auf diese Weise ihre Kompetenzen erst voll auszuschöpfen vermag.[18]

---

12 H. G. Schermers/N. Blokker, International Institutional Law, 3. Aufl., 1995, S. 26.

13 H. G. Schermers/N. Blokker, International Institutional Law, 3. Aufl., 1995, S. 26.

14 Vgl. H. G. Schermers/N. Blokker, International Institutional Law, 3. Aufl., 1995, S. 26.

15 H. G. Schermers/N. Blokker, International Institutional Law, 3. Aufl., 1995, S. 26. Als Beispiele sind *The United Nations Industrial Development Organisation (UNIDO)* und *The Global Environmental Facility* zu nennen.

16 K. Doehring, Völkerrecht, 1999, S. 86; V. Epping, in: K. Ipsen, Völkerrecht, 4. Aufl., 1999, S. 72.

17 E. Klein, in: W. G. Vitzthum (Hrsg.), Völkerrecht, 2. Aufl., 2001, S. 286.

18 K. Doehring, Völkerrecht, 1999, S. 86; E. Klein, in: W. G. Vitzthum (Hrsg.), Völkerrecht, 2. Aufl., 2001, S. 286.

Schließlich ist die mit dem Abschluß eines völkerrechtlichen Gründungsvertrags notwendige Beteiligung und Zustimmung der Parlamente der Mitgliedstaaten (Ratifikation) sogar Voraussetzung dafür, daß ein Mitgliedstaat Hoheitsrechte auf die Organisation übertragen kann und insoweit die Ausübung seiner Hoheitsrechte durch sich selbst beschränkt.[19]

II. Dauerhafte eigenverantwortliche Zweckverfolgung

Das zweite Kriterium für die Anerkennung als Internationale Organisation ist, daß die Tätigkeit der Organisation darauf ausgerichtet sein muß, auf Dauer mit eigenem Willen ihren Organisationszweck zu erreichen.[20]

Angesichts der Zielsetzung Internationaler Organisationen können sie in drei Gruppen aufgeteilt werden. Die erste Gruppe umfaßt Internationale Organisationen, welche einen allgemein-politischen Zweck verfolgen. Als Beispiel sind die Vereinten Nationen und die Organisation Amerikanischer Staaten zu nennen. Die zweite Gruppe enthält Internationale Organisationen, welche sicherheitspolitische Aufgaben erfüllen, wie die Nordatlantikvertrags-Organisation (sog. *NATO*). Die letzte Gruppe ist Internationalen Organisationen vorbehalten, welche für wirtschaftliche Zwecke tätig sind. Beispielhaft sind die Organisation für Wirtschaftliche Zusammenarbeit und Entwicklung (sog. *OECD*) und die Europäischen Gemeinschaften zu nennen.

III. Staaten (oder sonstige Völkerrechtssubjekte) als Mitglieder

Das dritte Kriterium für eine Internationale Organisation ist die Zusammensetzung ihrer Mitgliederstruktur.[21] In den meisten Fällen sind die Mitglieder einer Internationalen Organisation Staaten. Jedoch kann auch eine Internationale

---

19 Vgl. H. G. Schermers/N. Blokker, International Institutional Law, 3. Aufl., 1995, S. 29; M. Shaw, International Law, 4. Aufl., 1997, S. 914.

20 V. Epping, in: K. Ipsen, Völkerrecht, 4. Aufl., 1999, S. 71; I. Seidl-Hohenveldern/ G. Loibl, Das Recht der Internationalen Organisationen einschließlich der Supranationalen Gemeinschaften, 7. Aufl., 2000, S. 5; ICJ Report 1949, S. 180.

21 K. Doehring, Völkerrecht, 1999, S. 86; E. Klein, in: W. G. Vitzthum (Hrsg.), Völkerrecht, 2. Aufl., 2001, S. 277; P. Sands/P. Klein, Bowett's Law of International Institutions, 5. Aufl., 2001, S. 16; I. Seidl-Hohenveldern/G. Loibl, Das Recht der Internationalen Organisationen einschließlich der Supranationalen Gemeinschaften, 7. Aufl., 2000, S. 5.

Organisation, die den Status eines eigenständigen Völkerrechtssubjekts besitzt, Mitglied einer anderen Internationalen Organisation werden. Als Beispiel ist die Europäische Gemeinschaft zu nennen. Sie ist Mitglied der Welthandelsorganisation und der Ernährungs- und Landwirtschaftsorganisation der Vereinten Nationen.[22]

Es gibt neben der Vollmitgliedschaft noch andere Formen der Beteiligung an Internationalen Organisationen.[23] So können mehrere Staaten oder sonstige Berechtigte, welche aus verschiedenen Gründen nicht als Vollmitglieder Internationaler Organisationen in Betracht kommen, auch an Internationalen Organisationen teilnehmen.[24] Ein Beispiel ist die Assoziierung. Beim Begriff Assoziierung ist zwischen zwei verschiedenen Arten zu differenzieren: der mitgliedschaftlichen Assoziierung und der vertraglichen Assoziierung. Die mitgliedschaftliche Assoziierung bedeutet, daß dem Mitglied der Internationalen Organisation nicht alle Rechte und Pflichten eines Vollmitglieds zukommen. Beispiel hierfür ist die Mitgliedschaft der Bundesrepublik Deutschland am Europarat bis zur Beendigung des Besatzungsregimes.[25] Im Fall vertraglicher Assoziierung bestehen vertragliche Beziehungen zwischen dem assoziierten Staat und der Internationalen Organisation, allerdings wird der assoziierte Staat kein Mitglied.[26] Ein Beispiel für eine vertragliche Assoziierung gibt es im Europäischen Gemeinschaftsrecht. Aufgrund von Art. 310 EGV soll eine besondere Beziehung zu Drittstaaten geschaffen werden. Aus entwicklungspolitischen Ansichten hat die Europäischen Gemeinschaften Assoziierungsverträge mit den afrikanischen, karibischen und pazifischen Staaten (sog. „AKP-Staaten") abgeschlossen.[27]

---

22 P. Sands/P. Klein, Bowett's Law of Internaitonal Institutions, 5. Aufl., 2001, S. 535.

23 I. Brownlie, Principles of Public International Law, 4. Aufl., 1996, S. 694; V. Epping, in: K. Ipsen, Völkerrecht, 4. Aufl., 1999, S. 394.

24 V. Epping, in: K. Ipsen, Völkerrecht, 4. Aufl., 1999, S. 394; P. Sands/P. Klein, Bowett's Law of Internaitonal Institutions, 5. Aufl., 2001, S. 537.

25 V. Epping, in: K. Ipsen, Völkerrecht, 4. Aufl., 1999, S. 394; P. Sands/P. Klein, Bowett's Law of Internaitonal Institutions, 5. Aufl., 2001, S. 537.

26 V. Epping, in: K. Ipsen, Völkerrecht, 4. Aufl., 1999, S. 394.

27 M. Herdegen, Europarecht, 4. Aufl., 2002, S. 367; T. Oppermann, Europarecht, 2. Aufl., 1999, S. 813 ff.

IV. Organschaftliche Struktur

Vierte Voraussetzung für eine Internationale Organisation ist ihre interne Organisationsstruktur.[28] Erst mit der Schaffung von mindestens einem Organ kann die Internationale Organisation neben der völkerrechtlichen Rechtsfähigkeit auch die Handlungsfähigkeit als Völkerrechtssubjekt gewinnen.[29] Das Organ bzw. die Organe dienen unter anderem als Mittler zwischen der Internationalen Organisation und ihren Mitgliedstaaten. Durch die Zusammenarbeit in den Organen können die verschiedenen Mitgliedstaaten ihre unterschiedlichen Interessen koordinieren und im Sinne der Zweckerfüllung der Organisation zusammenarbeiten.[30]

Für die konkrete interne Organisationsstruktur einer Internationalen Organisation und die Aufgaben ihrer Organe gibt es keine festen völkerrechtlichen Regeln.[31] Die völkerrechtliche Praxis der Internationalen Organisationen wie der Vereinten Nationen oder der *ILO* bietet jedoch Beispiele für Organisationsstrukturen.[32] Alle Internationalen Organisationen weisen zumindest ein Organ auf, in dem alle Mitgliedstaaten vertreten sind. Als Beispiel hierfür sind die Generalversammlung der Vereinten Nationen, der Rat der Europäischen Gemeinschaften oder der Nordatlantikrat der *NATO* zu nennen.[33] In diesen Organen hat jeder Mitgliedstaat grundsätzlich eine Stimme und es herrscht das Prinzip der Gleichheit aller Mitgliedstaaten.[34] Neben diesem zentralen Organ gibt es in der Regel ein Exekutivorgan, das die Beschlüsse des anderen ausführt.[35] Beispiele für ein solches Exekutivorgan sind im Fall der Vereinten Nationen und der

---

28 K. Doehring, Völkerrecht, 1999, S. 88; V. Epping, in: K. Ipsen, Völkerrecht, 4. Aufl., 1999, S. 398; E. Klein, in: W. G. Vitzthum (Hrsg.), Völkerrecht, 2. Aufl., 2001, S. 316; I. Seidl-Hohenveldern/G. Loibl, Das Recht der Internationalen Organisationen einschließlich der Supranationalen Gemeinschaften, 7. Aufl., 2000, S. 5.

29 V. Epping, in: K. Ipsen, Völkerrecht, 4. Aufl., 1999, S. 398; E. Klein, in: W. G. Vitzthum (Hrsg.), Völkerrecht, 2. Aufl., 2001, S. 316; P. Sands/P. Klein, Bowett's Law of Internaitonal Institutions, 5. Aufl., 2001, S. 297.

30 V. Epping, in: K. Ipsen, Völkerrecht, 4. Aufl., 1999, S. 398; P. Sands/P. Klein, Bowett's Law of Internaitonal Institutions, 5. Aufl., 2001, S. 297.

31 K. Doehring, Völkerrecht, 1999, S. 88.

32 K. Doehring, Völkerrecht, 1999, S. 88.

33 K. Doehring, Völkerrecht, 1999, S. 88; V. Epping, in: K. Ipsen, Völkerrecht, 4. Aufl., 1999, S. 398; E. Klein, in: W. G. Vitzthum (Hrsg.), Völkerrecht, 2. Aufl., 2001, S. 316.

34 K. Doehring, Völkerrecht, 1999, S. 88; V. Epping, in: K. Ipsen, Völkerrecht, 4. Aufl., 1999, S. 398.

35 K. Doehring, Völkerrecht, 1999, S. 88; V. Epping, in: K. Ipsen, Völkerrecht, 4. Aufl., 1999, S. 398; E. Klein, in: W. G. Vitzthum (Hrsg.), Völkerrecht, 2. Aufl., 2001, S. 316.

NATO deren Generalsekretär und im Fall der Europäischen Gemeinschaften die Kommission. Die Aufgaben dieser zwei Organe sind oftmals bereits im Text des jeweiligen Gründungsvertrags festgelegt. Sie können daher als Hauptorgane bezeichnet werden.[36]

Daneben gibt es Organe, die nicht im Gründungsvertrag vorgesehen sind, sondern erst nachträglich, also erst nach der Gründung der Internationalen Organisation, geschaffen werden. Solche Organe werden Hilfs-, Neben- oder Unterorgane genannt[37] und dienen der Wahrnehmung bestimmter Aufgaben, die die Zweckverfolgung der Organisation unterstützen.

§ 2 Kategorisierung der Internationalen Organisationen

I. Internationale Organisationen im System internationaler Zusammenschlüsse

Unter dem Begriff internationale Zusammenschlüsse sind sämtliche rechtliche Verbindungen auf internationaler Ebene zu verstehen. Anhand der Darstellung verschiedener Gegensätze innerhalb der Hierarchie des Systems internationaler Zusammenschlüsse soll die Bedeutung und Funktion von Internationalen Organisationen verdeutlicht werden.

1. Abgrenzung der Staatenverbindungen von den nichtstaatlichen (internationalen) Organisationen

Internationale Zusammenschlüsse existieren einmal in Form unterschiedlich strukturierter Staatenverbindungen und in Form nichtstaatlicher Organisationen (*non-governmental organizations*, *NGO*).

---

36 Nach E. Klein, in: W. G. Vitzthum (Hrsg.), Völkerrecht, 2. Aufl., 2001, S. 317, gibt es drei Stufen von Organen einer Internationalen Organisation: Auf der ersten Stufe, der sog. Primärstufe, stehen die im Gründungsvertrag selbst benannten Haupt- oder Nebenorgane, z. B. nach Art. 7 Charta der Vereinten Nationen oder Art. 7 des Vertrag zur Gründung der Europäischen Gemeinschaften. Zur zweiten Stufe, der sog. Sekundärstufe, gehören alle Hilfsorgane, die aufgrund einer Ermächtigung im Gründungsvertrag von den Primärorganen geschaffen werden können, z. B. nach Art. 7 Abs. 2 Charta der Vereinten Nationen. Die dritte Stufe bilden die aufgrund einer satzungsrechtlichen Ermächtigung geschaffenen Einrichtungen.

37 K. Doehring, Völkerrecht, 1999, S. 88; V. Epping, in: K. Ipsen, Völkerrecht, 4. Aufl., 1999, S. 401.

Eine Staatenverbindung ist ein Sammelbegriff für verschiedene Formen völkerrechtlicher und staatsrechtlicher Verbindungen mehrerer Staaten, die sich zur Verfolgung eines gemeinsamen Zwecks zusammengeschlossen haben.[38]

Nach Epping werden Staatenverbindungen in zwei Arten geteilt, nämlich die Staatenverbindung auf der Basis der Gleichheit und auf der Basis der Ungleichheit. Staatenverbindungen auf der Basis der Gleichheit sind Zusammenschlüsse unter gleichberechtigten Staaten.[39] Dieser Begriff umfaßt den Bundesstaat und Internationale Organisationen. Welche unterschiedlichen Gebilde von Staatenverbindungen auf der Basis der Gleichheit im einzelnen in Betracht kommen, soll anhand der Darstellung der nächsten Gliederungsstufe gezeigt werden.[40] Staatenverbindungen auf der Basis der Ungleichheit umfassen zwischenstaatliche Beziehungen zwischen einzelnen Staaten, zwischen denen ein Abhängigkeitsverhältnis besteht. Eine solche abhängige Beziehung zwischen den Staaten schafft keine Internationale Organisation, sondern eine völkerrechtliche vertragliche Beziehung zwischen den Staaten. Der abhängige Staat ist ein Völkerrechtssubjekt und sein Volk behält die Staatsangehörigkeit des abhängigen Staats. Der abhängige Staat hat nur eine beschränkte völkerrechtliche Handlungsfähigkeit.[41] Beispiel hierfür ist die Beziehung zwischen Frankreich und Monaco. Monaco hat sich gegenüber Frankreich vertraglich verpflichtet, ohne vorherige Zustimmung Frankreichs keine völkerrechtlichen Verträge abzuschließen.[42]

Die Mitglieder nichtstaatlicher (internationaler) Organisationen sind Staatsangehörige unterschiedlicher Nationen, bei denen es sich sowohl um natürliche Personen als auch um juristische Personen handeln kann, meist solche des Privatrechts wie etwa Unternehmen.[43] Diese nichtstaatlichen Organisationen spie-

---

38 K. Doehring, Völkerrecht, 1999, S. 57; O. Kimminich/S. Hobe, Einführung in das Völkerrecht, 7. Aufl., 2000, S.120.

39 V. Epping, in: K. Ipsen, Völkerrecht, 4. Aufl., 1999, S. 67; siehe dazu auch, I. Seidl-Hohenveldern/T. Stein, Völkerrecht, 10. Aufl., 2000, S. 175; A. Verdross/B. Simma, Universelles Völkerrecht, 3. Aufl., 1984, S. 596.

40 Siehe unter **§ 2.** 2 und 3.

41 I. Brownlie, Principles of Public International Law, 4. Aufl., 1996, S. 118; K. Doehring, Völkerrecht, 1999, S. 59; V. Epping, in: K. Ipsen, Völkerrecht, 4. Aufl., 1999, S. 68; I. Seidl-Hohenveldern/T. Stein, Völkerrecht, 10. Aufl., 2000, S. 175.

42 V. Epping, in: K. Ipsen, Völkerrecht, 4. Aufl., 1999, S. 68; A. Verdross/B. Simma, Universelles Völkerrecht, 3. Aufl., 1984, S. 235.

43 K. Doehring, Völkerrecht, 1999, S. 16; V. Epping, in: K. Ipsen, Völkerrecht, 4. Aufl., 1999, S. 78; I. Seidl-Hohenveldern/T. Stein, Völkerrecht, 10. Aufl., 2000, S. 162

len im Rahmen der internationalen Beziehungen und damit auch als Objekte des Völkerrechts eine wichtige Rolle.[44] Allerdings werden die nichtstaatlichen (internationalen) Organisationen auf der Grundlage des innerstaatlichen Rechts und nicht auf der Grundlage des Völkerrechts gegründet. Sie sind somit keine Völkerrechtssubjekte.[45] Die nichtstaatlichen (internationalen) Organisationen werden damit im übrigen nicht zu den Internationalen Organisationen im völkerrechtlichen Sinne gerechnet und stehen folglich außerhalb des Gegenstandes der vorliegenden Untersuchung.

2. *Abgrenzung der Internationalen Organisationen (im weiteren Sinne) von den Bundesstaaten*

Unter den Begriff der Staatenverbindung auf der Basis der Gleichheit lassen sich nicht nur Bundesstaaten, sondern auch Internationale Organisationen im weiteren Sinne[46] subsumieren.

Bundesstaat: Die Zusammenarbeit verschiedener Staaten kann zu einem Zusammenschluß führen, der nicht mehr als völkerrechtliche Verbindung bezeichnet werden kann, sondern eine (inner-)staatsrechtliche Natur aufweist. Die so entstehende Verbindung ist staatsrechtlicher und damit staatlicher Natur und wird als Bundesstaat bezeichnet. Die beteiligten Staaten verlieren in diesem Fall ihre eigene Staatsqualität und damit ihre Völkerrechtssubjektivität; nur noch dem neubegründeten Bundesstaat als Gesamtstaat kommt Völkerrechtssubjektivität zu.[47] Doehring schreibt dazu, woran im Ergebnis nicht gezweifelt werden

---

44 Z. B. betätigten sich die NGO's in der Weltwirtschaftskonferenz 1999 in Seattle erfolgreich als eine Art „außerparlamentarische Opposition" und verhinderten das Zustandekommen eines multilateralen Abkommens über den Investitionsschutz – MAI –, vgl. I. Seidl-Hohenveldern/G. Loibl, Das Recht der Internationalen Organisationen einschließlich der Supranationalen Gemeinschaften, 7. Aufl., 2000, S. 3; P. Sands/P. Klein, Bowett's Law of International Institutions, 5. Aufl., 2001, S. 61.

45 Vgl. K. Doehring, Völkerrecht, 1999, S. 16; V. Epping, in: K. Ipsen, Völkerrecht, 4. Aufl., 1999, S. 68; I. Seidl-Hohenveldern/G. Loibl, Das Recht der Internationalen Organisationen einschließlich der Supranationalen Gemeinschaften, 7. Aufl., 2000, S. 3; I. Seidl-Hohenveldern/T. Stein, Völkerrecht, 10. Aufl., 2000, S. 162.

46 Siehe unter **§2.** 3.

47 K. Doehring, Völkerrecht, 1999, S. 58; V. Epping, in: K. Ipsen, Völkerrecht, 4. Aufl., 1999, S. 67; O. Kimminich/S. Hobe, Einführung in das Völkerrecht, 7. Aufl., 2000, S. 121; I. Seidl-Hohenveldern/G. Loibl, Das Recht der Internationalen Organisationen einschließlich der Supranationalen Gemeinschaften, 7. Aufl., 2000, S. 12; A. Verdross/ B. Simma, Universelles Völkerrecht, 3. Aufl., 1984, S. 595.

kann, daß der aus Nichtstaaten bestehende Bundesstaat damit nicht mehr zu den Staatenverbindungen im eigentlichen Sinne gehöre.[48] Diese Aussage gilt jedoch erst ab dem Zeitpunkt der Staatsgründung eines Bundesstaates. Der zur Staatsgründung führende – und möglicherweise länger währende – Gründungsvorgang führt einzelne Staaten häufig erst zu einer Staatenbund genannten Staatenverbindung im juristischen Sinne zusammen.

3. Abgrenzung der Internationalen Organisation im weiteren Sinne von der Internationalen Organisation im engeren Sinne, von der Supranationalen Organisation und vom Staatenbund

Innerhalb der Gruppe der Internationalen Organisationen im weiteren Sinne sind drei Varianten zu unterscheiden: die Internationalen Organisationen im engeren Sinne, die Supranationalen Organisationen (bzw. Supranationalen Gemeinschaften) sowie der Staatenbund.

a) Internationale Organisationen im engeren Sinne

Eine Internationale Organisation im engeren Sinne ist eine zwischenstaatliche Organisation, die aufgrund einer Willenseinigung von mehreren Völkerrechtssubjekten gegründet worden ist, um ein gemeinsames Ziel zu erreichen.[49] Auch die Internationalen Organisationen im engeren Sinne lassen sich in weitere Untergruppen einteilen, wobei diese weitere Unterteilung anhand unterschiedlicher Kriterien erfolgen kann, die weiter unten dargestellt werden.[50]

b) Supranationale Organisationen

Die Supranationalen Organisationen haben sich erst in neuerer Zeit entwickelt und sind eine recht junge Form einer (zwischenstaatlichen) Internationalen Organisation (im weiteren Sinne). In den Supranationalen Organisationen ist die Integration der Mitgliedstaaten im Rahmen der Organisation so weit fortgeschritten, daß sie Auswirkungen auf die innere Souveränitätssphäre der Einzel-

---

48 K. Doehring, Völkerrecht, 1999, S. 58.

49 Dazu ausführlich die Erläuterungen zur Definition der Internationalen Organisation oben **§ 1**.

50 Unter **II.** 3.

staaten aufweist.[51] Wesentliches Kennzeichen der Supranationalen Organisation ist, daß ihre Rechtsakte keiner innerstaatlichen Umsetzung bedürfen, sondern vielmehr unmittelbare (und unmittelbar durchsetzbare) Wirkung entfalten.[52] Trotz ihrer weit fortgeschrittenen Integration erreicht allerdings die Supranationale Organisation nicht den Integrationsgrad eines Bundesstaates. Die Beziehungen der einzelnen Mitgliedstaaten der Organisation untereinander sind nicht wie im Fall eines Bundesstaats staatsrechtlicher, sondern vielmehr völkerrechtlicher Natur.[53] Die bislang einzigen Beispiele von Supranationalen Organisationen sind die drei Europäischen Gemeinschaften (die EGKS, EWG und EAG),[54] die sich unter anderem auch durch das Bestehen einer eigenen Rechtsetzungskompetenz auszeichnen.[55]

c) *Staatenbund*

Der Staatenbund ist eine Staatenverbindung auf der Grundlage eines völkerrechtlichen Vertrages: Ein Staatenbund selbst ist in der Regel ein Völkerrechtssubjekt.[56] Die Mitgliedstaaten des Staatenbundes behalten ihre Völkerrechtssubjektivität, was den wesentlichen Unterschied zum Bundesstaat ausmacht. Zur Bewältigung der dem Staatenbund nach seinem Bundesvertrag zukommenden Aufgaben, z. B. der Umsetzung einer gemeinsamen Außenpolitik, weist der Staatenbund eigene, nicht unmittelbar den Mitgliedstaaten zugehörige Organe auf.[57]

Eine klare Unterscheidung zwischen Staatenbund und (sonstigen) Internationalen Organisationen im engeren Sinne ist nur schwer möglich: Eine Abgrenzung ist allenfalls anhand des Zweckes der jeweiligen Staatenverbindung denkbar.

---

51 K. Doehring, Völkerrecht, 1999, S. 95; V. Epping, in: K. Ipsen, Völkerrecht, 4. Aufl., 1999, S. 77; I. Seidl-Hohenveldern/T. Stein, Völkerrecht, 10. Aufl., 2000, S. 161.

52 Art. 249 des Vertrags zur Gründung der Europäischen Gemeinschaften lautet: „Die Verordnung hat allgemeine Geltung. Sie ist in allen ihren Teilen verbindlich und gilt unmittelbar in jedem Mitgliedstaat".

53 V. Epping, in: K. Ipsen, Völkerrecht, 4. Aufl., 1999, S. 76.

54 K. Doehring, Völkerrecht, 1999, S. 95; V. Epping, in: K. Ipsen, Völkerrecht, 4. Aufl., 1999, S. 390.

55 I. Seidl-Hohenveldern/G. Loibl, Das Recht der Internationalen Organisationen einschließlich der Supranationalen Gemeinschaften, 7. Aufl., 2000, S. 8.

56 K. Doehring, Völkerrecht, 1999, S. 60; V. Epping, in: K. Ipsen, Völkerecht, 4. Aufl., 1999, S. 67; I. Seidl-Hohenveldern/T. Stein, Völkerrecht, 10. Aufl., 2000, S. 174

57 K. Hailbronner, in: W. G. Vitzthum (Hrsg.), Völkerrecht, 2. Aufl., 2001, S. 214; I. Seidl-Hohenveldern/T. Stein, Völkerrecht, 10. Aufl., 2000, S. 173 ff.

Während ein Staatenbund einen eher umfassenden und allgemein-politischen Organisationszweck aufweist, ist bei Internationalen Organisationen im engeren Sinne deren konkreter Zweck regelmäßig normalerweise genau festgelegt.[58]

In Anbetracht der Probleme bei der Abgrenzung zwischen beiden Organisationsformen ist es auch schwierig, aktuelle und eindeutige Beispiele von Staatenbünden zu nennen; historische Beispiele von Staatenbünden sind der Deutsche Bund in den Jahren von 1815 bis 1866 oder die Schweizerische Eidgenossenschaft in der Zeit von 1815 bis 1848.[59]

II. Einteilung der Internationalen Organisationen nach unterschiedlichen Kriterien

Die Internationalen Organisationen (im engeren Sinne) können anhand ihrer Merkmale weiter unterteilt werden.

1. Einteilung nach dem räumlichen Wirkungsbereich

Zum Beispiel können Internationale Organisationen nach ihrem räumlichen Wirkungsbereich unterschieden werden. Ist eine Internationale Organisation weltweit tätig, wird eine solche Internationale Organisation eine universale Internationale Organisation genannt, wie beispielsweise die Vereinten Nationen.[60] Im Gegensatz dazu nennt man eine Internationale Organisation eine regionale Internationale Organisation, wenn ihre Tätigkeit auf eine bestimmte Region beschränkt bleibt.[61] Als Beispiele für regionale Internationale Organisationen seien genannt: der Europarat, die *NAFTA*, *MERCOSUR*, *ALADI*.

---

58 V. Epping, in: K. Ipsen, Völkerecht, 4. Aufl., 1999, S. 67; O. Kimminich/S. Hobe, Einführung in das Völkerrecht, 7. Aufl., S. 122.

59 I. Seidl-Hohenveldern/G. Loibl, Das Recht der Internationalen Organisationen einschließlich der Supranationalen Gemeinschaften, 7. Aufl., 2000, S. 9; A. Verdross/B. Simma, Universelles Völkerrecht, 3. Aufl., 1984, S. 594.

60 V. Epping, in: K. Ipsen, Völkerrecht, 4. Aufl., S. 390; O. Kimminich/S. Hobe, Einführung in das Völkerrecht, 7. Aufl., 2000, S. 124; I. Seidl-Hohenveldern/T. Stein, Völkerrecht, 10. Aufl., 2000, S. 161.

61 V. Epping, in: K. Ipsen, Völkerrecht, 4. Aufl., S. 390; O. Kimminich/S. Hobe, Einführung in das Völkerrecht, 7. Aufl., 2000, S. 124; I. Seidl-Hohenveldern/T. Stein, Völkerrecht, 10. Aufl., 2000, S. 161.

2. Einteilung nach dem sachlichen Wirkungsbereich

Die Internationalen Organisationen können auch nach ihrem sachlichen Wirkungsbereich unterschieden werden. Ist eine Internationale Organisation für umfassende oder für allgemein-politische Aufgaben zuständig, wie zum Beispiel die Vereinten Nationen nennt man eine solche Internationale Organisation eine generelle Internationale Organisation.[62] Dazu gehören zum Teil auch die Sonderorganisationen der Vereinten Nationen, wie die Organisation der Vereinten Nationen für Erziehung, Wissenschaft und Kultur (im folgenden *UNESCO*), deren Zuständigkeitsbereich von der politischen Zusammenarbeit über die Friedenssicherung bis hin zur Kulturpolitik reicht. Im Gegensatz zu den generellen Organisationen gibt es Internationale Organisationen, die nur für einen bestimmten und begrenzten Zweck zuständig sind. Solche Internationalen Organisationen werden spezielle Internationale Organisationen genannt.[63] Es kann sich bei dem Zweck einer speziellen Internationalen Organisation auch um eine rein technische Aufgabe handeln. So wurde beispielsweise zur Erleichterung der Postbeförderung der Weltpostverein gegründet.[64]

Spezielle Internationale Organisationen werden oft auch als regionale Internationale Organisationen klassifiziert. *De facto* bleiben sie tatsächlich oftmals regional beschränkt tätig, wie die Konferenz der europäischen Post- und Telefonverwaltungen (*CEPT*). Das Beispiel des zuvor genannten Weltpostvereins zeigt jedoch, daß es durchaus auch weltweit tätige spezielle Internationale Organisationen gibt. Ebenso kann eine generelle Internationale Organisation wie die Vereinten Nationen weltweit tätig sein, ihre Tätigkeit aber auch, wie der Europarat, nur auf eine bestimmte Region beschränken.[65]

Parallel zur Unterteilung in generelle und spezielle Internationale Organisationen können die unterschiedlichen Internationalen Organisationen auch unmittelbar und genauer im Hinblick auf ihren jeweiligen konkreten Aufgabenbereich unterschieden werden. Eine solche „klassische" Einteilung der Internationalen Organisationen würde eine Unterscheidung in Organisationen zur Friedens-

---

62 V. Epping, in: K. Ipsen, Völkerrecht, 4. Aufl., 1999, S. 390; vgl. I. Seidl-Hohenveldern/T. Stein, Völkerrecht, 10. Aufl., 2000, S. 162.

63 V. Epping, in: K. Ipsen, Völkerrecht, 4. Aufl., 1999, S. 390; I. Seidl-Hohenveldern/ T. Stein, Völkerrecht, 10. Aufl., 2000, S. 162.

64 I. Seidl-Hohenveldern/T. Stein, Völkerrecht, 10. Aufl., 2000, S. 162.

65 Siehe V. Epping, in: K. Ipsen, Völkerrecht, 4. Aufl., 1999, S. 390; I. Seidl-Hohenveldern/T. Stein, Völkerrecht, 10. Aufl., 2000, S. 162.

sicherung, Organisationen mit sicherheitspolitischer Zielsetzung sowie solche mit wirtschaftspolitischer Zielsetzung zur Folge haben.[66]

3. *Einteilung nach dem Umfang der Kompetenzen*

Schließlich können Internationale Organisationen auch im Hinblick auf ihre Kompetenzen unterschieden werden, insbesondere im Hinblick auf die der Internationalen Organisation im Verhältnis zu ihren Mitgliedstaaten zukommenden Kompetenzen.[67] Die koordinierenden Internationalen Organisationen sind die Internationalen Organisationen, die (lediglich) zur Kooperation der Tätigkeiten der einzelnen Mitgliedstaaten auf dem Aufgabengebiet der Organisation beitragen.[68] Die subordinierenden Internationalen Organisationen dagegen sind Organisationen, die unmittelbar und verbindlich die Mitgliedstaaten selbst verpflichten können.[69]

Gehen die Befugnisse einer Internationalen Organisation so weit, daß sie sogar unmittelbar Staatsangehörige ihrer Mitgliedstaaten verpflichten kann, wird in dieser Organisation in der Regel eine so hohe Integrationsstufe erreicht sein, daß man bereits von einer Supranationalen Organisation sprechen kann.[70]

§ 3 Rechtspersönlichkeit der Internationalen Organisationen

Bereits mehrfach war in dieser Arbeit angeklungen, daß Internationale Organisationen völkerrechtliche Rechtspersönlichkeit (oder Völkerrechtssubjektivität) besitzen können.[71] Rechtssubjektivität ist die Fähigkeit, an Rechtsbeziehungen beteiligt, d. h. Träger von Rechten und Pflichten zu sein.[72] Völkerrechtssubjekte

---

66 V. Epping, in: K. Ipsen, Völkerrecht, 4. Aufl., 1999, S. 390.

67 V. Epping, in: K. Ipsen, Völkerrecht, 4. Aufl., 1999, S. 391.

68 V. Epping, in: K. Ipsen, Völkerrecht, 4. Aufl., 1999, S. 391.

69 V. Epping, in: K. Ipsen, Völkerrecht, 4. Aufl., 1999, S. 391.

70 V. Epping, in: K. Ipsen, Völkerrecht, 4. Aufl., 1999, S. 391, als Beispiel wird die Europäischen Gemeinschaften genannt.

71 I. Brownlie, Principles of Public International Law, 4. Aufl., 1996, S. 680; V. Epping, in: K. Ipsen, Völkerrecht, 4. Aufl., 1999, S. 71; P. Sands/P. Klein, Bowett's Law of International Institutions, 5. Aufl., 2001, S. 470; I. Seidl-Hohenveldern/T. Stein, Völkerrecht, 10. Aufl., 2000, S. 163; M. Shaw, International Law, 4. Aufl., 1997, S. 909.

72 I. Brownlie, Principles of Public International Law, 4. Aufl., 1996, S. 58; V. Epping, in: K. Ipsen, Völkerrecht, 4. Aufl., 1999, S. 51; A. Verdross/B. Simma, Universelles Völkerrecht, 3. Aufl., 1984, S. 222.

sind mithin diejenigen Rechtssubjekte, denen von der Völkerrechtsordnung die Fähigkeit zuerkannt wird, Träger völkerrechtlicher Rechte und Pflichten zu sein. Sie sind somit unmittelbare Adressaten des Völkerrechts.[73] Da Internationale Organisationen normalerweise im Hoheitsgebiet eines souveränen Staates tätig sind, kann man die Rechtspersönlichkeit Internationaler Organisationen sowohl unter dem völkerrechtlichen als auch unter dem Aspekt des innerstaatlichen Rechts untersuchen.[74]

I. Völkerrechtliche Betrachtung

Früher wurde von den damaligen sozialistischen Ländern des Warschauer Paktes die Meinung vertreten, daß nur die souveränen Staaten als Völkerrechtssubjekte anzuerkennen seien.[75] Mittlerweile ist jedoch unbestritten, daß auch die Internationalen Organisationen Völkerrechtssubjekte sein können, also Völkerrechtspersönlichkeit besitzen.[76] Fraglich kann allenfalls die Rechtsnatur der Völkerrechtssubjektivität der Internationalen Organisationen sein. Dabei ist die Frage, ob die Völkerrechtssubjektivität Internationaler Organisationen – wie die der Staaten – eine originäre Völkerrechtssubjektivität ist, von besonderem Interesse.

Der Begriff der Internationalen Organisation bedeutet, daß Internationale Organisationen durch eine völkerrechtliche Willenseinigung von mehreren Staaten (bzw. von sonstigen Völkerrechtssubjekten) zu dem Zweck gegründet werden, eine oder mehrere bestimmte Aufgaben zu verfolgen.[77] Vor dem Hintergrund

---

73 I. Brownlie, Principles of Public International Law, 4. Aufl., 1996, S. 58; V. Epping, in: K. Ipsen, Völkerrecht, 4. Aufl., S. 51 und S. 72; A. Verdross/B. Simma, Universelles Völkerrecht, 3. Aufl., 1984, S. 222.

74 P. Sands/P. Klein, Bowett's Law of International Institutions, 5. Aufl., 2001, S. 469; I. Seidl-Hohenveldern/G. Loibl, Das Recht der Internationalen Organisationen einschließlich der Supranationalen Gemeinschaften, 7. Aufl., 2000, S. 45; M. Shaw, International Law, 4. Aufl., 1997, S. 909.

75 F. I. Kozevnikov (Hrsg.), Völkerrecht, 1960, S. 86.

76 I. Brownlie, Principles of Public International Law, 4. Aufl., 1996, S. 680; V. Epping, in: K. Ipsen, Völkerrecht, 4. Aufl., 1999, S. 71; P. Sands/P. Klein, Bowett's Law of International Institutions, 5. Aufl., 2001, S. 470; I. Seidl-Hohenveldern/G. Loibl, Das Recht der Internationalen Organisationen einschließlich der Supranationalen Gemeinschaften, 7. Aufl., 2000, S. 45; I. Seidl-Hohenveldern/T. Stein, Völkerrecht, 10. Aufl., 2000, S. 163; M. Shaw, International Law, 4. Aufl., 1997, S. 909.

77 Vgl. zum Begriff der Internationalen Organisation genauer oben **§ 1**.

des Zwecks und der Aufgabe einer Internationalen Organisation geht die herrschende Lehre davon aus, daß Internationale Organisationen zwar gewisse souveränen Staaten nach allgemeinem Völkerrecht zustehende Rechte innehaben. Diese Rechte gelten jedoch nur insoweit, als sie zur Erreichung ihrer Ziele und zur Durchführung ihrer Aufgaben erforderlich sind (sog. funktionale Rechtspersönlichkeit).[78] Das bedeutet allerdings nicht, daß eine Internationale Organisation kein „hundertprozentiges" Völkerrechtssubjekt ist, sondern vielmehr nur, daß ihre Völkerrechtsfähigkeit funktional beschränkt ist (begrenzte Ermächtigung).[79]

In manchen Fällen erkennen die Mitgliedstaaten einer von ihnen gegründeten Internationalen Organisation bereits im Gründungsvertrag oder in der Satzung der Organisation ausdrücklich eine eigene Rechtspersönlichkeit zu.[80] Diese Art der Begründung von Völkerrechtspersönlichkeit einer Internationalen Organisation entfaltet allerdings nur im Verhältnis zu den Mitgliedstaaten rechtliche Wirkung, da Drittstaaten aus dem Vertrag nicht zur Anerkennung der Internationalen Organisation verpflichtet sind.[81] Drittstaaten, die in völkerrechtliche Beziehungen zu der Internationalen Organisation treten, haben damit allerdings konkludent die Internationale Organisation anerkannt.[82]

Auch wenn sich der Gründungsvertrag oder die Satzung einer Internationaler Organisation nicht zu deren Rechtspersönlichkeit äußert, kann die Internationale Organisation nach allgemeiner Meinung Rechtspersönlichkeit besitzen. Für diesen Fall wird jedoch ausdrücklich gesagt, daß die Internationale Organisation – im Gegensatz zu Staaten als geborenen bzw. originellen Völkerrechtssubjekten[83] – nur ein abgeleitetes Völkerrechtssubjekt sei.[84] Die Staaten sind

---

78 I. Brownlie, Principles of Public International Law, 4. Aufl., 1996, S. 680; I. Seidl-Hohenveldern/G. Loibl, Das Recht der Internationalen Organisationen einschließlich der Supranationalen Gemeinschaften, 7. Aufl., 2000, S. 48; A. Verdross/B. Simma, Universelles Völkerrecht, 3. Aufl., 1984, S. 251.

79 K. Doehring, Völkerrecht, 1999, S. 92; V. Epping, in: K. Ipsen, Völkerrecht, 4. Aufl., 1999, S. 53 und S. 72; O. Kimminich/S. Hobe, Einführung in das Völkerrecht, 7. Aufl., 2000, S. 123; E. Klein, in: W. G. Vitzthum (Hrsg.), Völkerrecht, 2. Aufl., 2001, S. 306 und S. 346; I. Seidl-Hohenveldern/G. Loibl, Das Recht der Internationalen Organisationen einschließlich der Supranationalen Gemeinschaften, 7. Aufl., 2000, S. 47.

80 Z. B. Art. 6 Abs. 2 EGKS, Art. 281 EGV sowie Art. 184 EAG.

81 K. Doehring, Völkerrecht, 1999, S. 92.

82 V. Epping, in: K. Ipsen, Völkerrecht, 4. Aufl., 1999, S. 72.

83 V. Epping, in: K. Ipsen, Völkerrecht, 4. Aufl., 1999, S. 53.

84 V. Epping, in: K. Ipsen, Völkerrecht, 4. Aufl., 1999, S. 53.

Träger aller denkbaren Rechte und Pflichten: Internationale Organisationen sind nicht Träger allumfassender Rechte und Pflichten. Der Inhalt und Umfang ihrer Rechte und Pflichten hängt vielmehr vom Willen ihrer Mitgliedstaaten ab, so daß sich die Rechtspersönlichkeit von Internationalen Organisationen aus dem Willen ihrer Mitgliedstaaten ergibt und somit eine abgeleitete sei.[85]

Die Feststellung, daß die Völkerrechtspersönlichkeit Internationaler Organisationen eine von derjenigen der Staaten abgeleitete ist, besitzt eine wichtige Bedeutung für die Frage der Reichweite der Rechte und Pflichten Internationaler Organisationen. Vom Wesen der Internationalen Organisationen her wird die Ansicht vertreten, den Internationalen Organisationen seien nur diejenigen Rechte und Pflichten zuzugestehen, welche in ihren jeweiligen Gründungsverträgen ausdrücklich niedergeschrieben seien.[86] Jedoch sehen die herrschende Lehre und Praxis den Umfang der Rechte und Pflichten Internationaler Organisationen nicht so streng; vielmehr hätten die Internationalen Organisationen alle Rechte und Pflichten, soweit sie diese für die Erreichung ihres Zwecks und für die Durchführung ihrer Aufgaben benötigten (*implied powers*-Lehre).[87] Der Grundgedanke dieser Lehre ist, daß die Mitgliedstaaten, wenn sie Aufgaben und Zwecke der Internationalen Organisation akzeptiert haben, zugleich auch entsprechende Rechte und Pflichten als Mittel der Durchführung der Aufgaben und der Erreichung der Ziele akzeptieren und damit zumindest konkludent der Organisation auch zugebilligt haben; ohne die Verleihung entsprechender Rechte und Pflichten könnten die Ziele und Zwecke der Internationalen Organisationen schließlich nicht erfüllt werden.[88] Allerdings muß der Grundsatz, daß die Rechtspersönlichkeit der Internationalen Organisation vom Willen ihrer Mitgliedstaaten abhängt, gewahrt werden. Deshalb darf der Umfang der Rechte der

---

85 I. Seidl-Hohenveldern/G. Loibl, Das Recht der Internationalen Organisationen einschließlich der Supranationale Gemeinschaften, 7. Aufl., 2000, S. 49.

86 Nach H. Kelsen, The Law of the United Nations, 1951, S. 329; I. Seidl-Hohenveldern/ G. Loibl, Das Recht der Internationalen Organisationen einschließlich der Supranationale Gemeinschaften, 7. Aufl., 2000, S. 49.

87 K. Doehring, Völkerrecht, 1999, S. 87; V. Epping, in: K. Ipsen, Völkerrecht, 4. Aufl., 1999, S. 73; ICJ Report 1949, S. 182; E. Klein, in: W. G. Vitzthum (Hrsg.), Völkerrecht, 2. Aufl., 2001, S. 347; I. Seidl-Hohenveldern/G. Loibl, Das Recht der Internationalen Organisationen einschließlich der Supranationalen Gemeinschaften, 7. Aufl., 2000, S. 247.

88 V. Epping, in: K. Ipsen, Völkerrecht, 4. Aufl., 1999, S. 72; H. F. Köck, Die „implied powers“ der Europäischen Gemeinschaften als Anwendungsfall der „implied powers“ internationaler Organisationen überhaupt, in: Festschrift für Ignaz Seidl-Hohenveldern, 1988, S. 282.

Organisation entsprechend der *implied powers*-Lehre nicht zu weit gefaßt werden.[89, 90]

II. Staatsrechtliche Betrachtung

Häufig wird die innerstaatliche Rechtspersönlichkeit Internationaler Organisationen schon im Gründungsvertrag bzw. in einem Zusatzabkommen zwischen den Mitgliedstaaten geklärt.[91] Auf diese Weise versuchen die Mitgliedstaaten, das Verhältnis der Internationalen Organisation zu ihren einzelnen Mitgliedstaaten, vor allem zu dem Staat des Hauptsitzes der Organisation, festzulegen, damit die Internationale Organisation ihre Aufgaben möglichst effektiv durchführen kann.[92] Aufgrund dieser innerstaatlichen Rechtspersönlichkeit werden die Internationalen Organisationen Träger privat- und öffentlich-rechtlicher Rechte und Pflichten. Die Internationalen Organisationen können private und öffentlich-rechtliche Verträge abschließen, Eigentum erwerben und veräußern und vor innerstaatlichen Gerichten klagen und verklagt werden,[93] sofern solche Rechtshandlungen im Rahmen der Aufgabenerfüllung der Organisation nötig werden.[94]

---

89 ICJ Report 1971, S. 293.

90 Als Völkerrechtssubjekte haben die Internationalen Organisationen z. B. das Recht, Verträge zu schließen, sowie das aktive und passive Gesandtschaftsrecht; siehe I. Seidl-Hohenveldern/G. Loibl, Das Recht der Internationalen Organisationen einschließlich der Supranationale Gemeinschaften, 7. Aufl., 2000, S. 50 ff.

91 Z. B. Art. 104 der Charta der Vereinten Nationen, in: BGBl. 1973 II, S. 430 ff.; Art. 282 des Vertrags zur Gründung der Europäischen Gemeinschaften; Art. 1 des Allgemeinen Abkommens über die Vorrechte und Befreiungen des Europarats von 1949, in: BGBl. 1954 II, S. 493.

92 Vgl. I. Seidl-Hohenveldern/G. Loibl, Das Recht der Internationalen Organisationen einschließlich der Supranationalen Gemeinschaften, 7. Aufl., 2000, S. 56; V. Epping, in: K. Ipsen, Völkerrecht, 4. Aufl., 1999, S. 405; E. Klein, in: W. G. Vitzthum (Hrsg.), Völkerrecht, 2. Aufl., 2001, S. 313.

93 Beispiel hierfür; Art. 12 der Satzung der Organisation der Vereinten Nationen für Erziehung, Wissenschaft und Kultur, in: BGBl. 1971 II, S. 471 ff.; Art. 16 der Satzung der Ernährung- und Landwirtschaftsorganisation der Vereinten Nationen (im folgenden FAO-Satzung), in: BGBl. 1971 II, S. 1033 ff.; Art. 6 der Satzung der Weltgesundheitsorganisation, in: BGBl. 1974 II., S. 43 ff.

94 E. Klein, in: W. G. Vitzthum (Hrsg.), Völkerrecht, 2. Aufl., 2001, S. 313; P. Sands/ P. Klein, Bowett's Law of International Institutions, 5. Aufl., 2001, S. 477; M. Shaw, International Law, 4. Aufl., 1997, S. 911.

Letzteres zeigt, daß die Rechtsfähigkeit Internationaler Organisationen auch nach innerstaatlichem Recht funktional begrenzt ist.[95]

95 I. Seidl-Hohenveldern/G. Loibl, Das Recht der Internationalen Organisationen einschließlich der Supranationale Gemeinschaften, 7. Aufl., 2000, S. 56.

KAPITEL 2:
Staatenimmunität

§ 1 Struktur der Staatenimmunität

Ein souveräner Staat übt ausschließliche Hoheitsgewalt auf seinem Territorium aus (sog. Territorialhoheit). Grundsätzlich erstreckt sich diese staatliche Gebietshoheit auf die Personen und Dinge, die sich auf dem Staatsgebiet befinden.[96] Die Staatenpraxis weist jedoch einige Einschränkungen der innerstaatlichen Zuständigkeiten auf, bei denen ein Staat auch in seinem Hoheitsgebiet seine Staatsgewalt und insbesondere seine Gerichtsbarkeit unterlassen soll,[97] wie beispielsweise bei der Staatenimmunität.

I. Definition der Staatenimmunität

Grundsätzlich bedeutet Staatenimmunität, daß ein Staat nicht der Gerichtsbarkeit anderer Staaten unterliegt,[98] worunter nicht nur gerichtliche Erkenntnisverfahren zählen, sondern auch die Vollstreckung gerichtlicher Entscheidungen zu verstehen ist.[99]

---

96 I. Brownlie, Principles of Public International Law, 4. Aufl., 1996, S. 107; C. Gloria, in: K. Ipsen, Völkerrecht, 4. Aufl., 1999, S. 244; A. Verdross/B. Simma, Völkerrecht, 3. Aufl., 1984, S. 655.

97 K. Herndl, Zur Problematik der Gerichtsbarkeit über fremde Staaten, in: Festschrift für Alfred Verdross, 1980, S. 426; Sir R. Jennings (Hrsg.), Oppenheim's International Law, 9. Aufl., Bd. I, 1992, S. 342; A. Verdross/B. Simma, Völkerrecht, 3. Aufl., 1984, S. 640.

98 M. Akehurst, Modern Introduction to International Law, 1988, S. 111; I. Brownlie, Principles of Public International Law, 4. Aufl., 1996, S. 322; K. Doehring, Völkerrecht, 1999, S. 278; C. Gloria, in: K. Ipsen, Völkerrecht, 4. Aufl., 1999, S. 333; Sir R. Jennings (Hrsg.), Oppenheim's International Law, 9. Aufl., Bd. I, 1992, S. 341; Völkerrechtskommission der Vereinten Nationen, *Draft Articles on Jurisdictional Immunities of States and Their Property* (im folgenden Kodifikationsentwurf der Völkerrechtskommission), Art. 5, in: Yearbook of the International Law Commission, 1991, Bd. II/2, S. 13 ff.

99 I. Brownlie, Principles of Public International Law, 4. Aufl., 1996, S. 322; K. Doehring, Völkerrecht, 1999, S. 281; A. Verdross/B. Simma, Völkerrecht, 3. Aufl., 1984, S. 640; M. Wenckstern, Handbuch des Internationalen Zivilverfahrensrechts, Band II/1. Die Immunität internationaler Organisationen, 1994, S. 10.

Der Grundgedanke der Staatenimmunität ist der Rechtssatz „*par in parem non habet imperium*".[100] Dieser Rechtsgedanke beruht auf dem Prinzip der Gleichheit souveräner Staaten, das zur Folge hat, daß ein Völkerrechtssubjekt ein anderes nicht rechtskräftig verurteilen darf.[101] Die Gleichheit der Staaten ist heute unumstritten als eines der völkerrechtlichen Grundprinzipien anerkannt[102] und in Artikel 2 Nr. 1 der Charta der Vereinten Nationen kodifiziert.[103] Neben dem Prinzip der Gleichheit wird die Immunität der Staaten auch durch die Prinzipien der Unabhängigkeit und der Dignität begründet.[104] Die Unabhängigkeit souveräner Staaten von fremdstaatlicher Gerichtsbarkeit gehört unumstritten zum Völkergewohnheitsrecht.[105]

Bis ins 19. Jahrhundert hinein wurde den Staaten Immunität für alle ihre Handlungen sowie für das Vermögen, das von fremden Staaten innerhalb eines ande-

---

100 C. Gloria, in: K. Ipsen, Völkerrecht, 4. Aufl., 1999, S. 333; W. J. Habscheid, Die Staatenimmunität im Erkenntnis- und Vollstreckungsverfahren, in: Festschrift für Hans Giger, 1989, S. 215; K. Herndl, Zur Problematik der Gerichtsbarkeit über fremde Staaten, in: Festschrift für Alfred Verdross, 1980, S. 424; Tractatus represaliarum, 1354, Qu. I/3, § 10, zitiert nach A. Verdross/B. Simma, Universelles Völkerrecht, 3. Aufl., 1984, S. 762.

101 I. Brownlie, Principles of Public International Law, 4. Aufl., 1996, S. 324; K. Doehring, Völkerrecht, 1999, S. 278; C. Gloria, in: K. Ipsen, Völkerrecht, 4. Aufl., 1999, S. 330; I. Seidl-Hohenveldern/T. Stein, Völkerrecht, 10. Aufl., 2000, S. 269.

102 I. Brownlie, Principles of Public International Law, 4. Aufl., 1996, S. 19; K. Doehring, Völkerrecht, 1999, S. 81; C. Gloria, in: K. Ipsen, Völkerrecht, 4. Aufl., 1999, S. 328; A. Verdross/B. Simma, Universelles Völkerrecht, 3. Aufl., 1984, S. 32.

103 Art. 2 der Charta der Vereinten Nationen lautet: „Die Organisation und ihre Mitglieder handeln im Verfolg der in Artikel 1 dargelegten Ziele nach folgenden Grundsätzen: 1. Die Organisation beruht auf dem Grundsatz der souveränen Gleichheit aller ihrer Mitglieder.", in: BGBl. 1973 II, S. 495 ff.

104 K. Doehring erklärt die Herkunft der Staatenimmunität wie folgt: „Die Staatenimmunität selbst kann nur auf der Gleichheit der Staaten beruhen. Dagegen muß die Immunität von Staatsoberhäuptern wegen der Dignität ihres Staates anerkannt werden. Auch Diplomaten (und Konsuln) genießen in einem fremden Staat Immunität; diese wird ihnen zur Sicherung der rechtlichen und politischen Beziehungen zwischen den beteiligten Staaten garantiert." (K. Doehring, Völkerrecht, 1999, S. 277); Sir R. Jennings (Hrsg.), Oppenheim's International Law, 9. Aufl., Bd. I, 1992, S. 342; H. Lauterpacht, The Problem of Jurisdictional Immunities of Foreign States, in: BYIL, Bd. 28, 1951, S. 229.

105 G. Ress, Entwicklungstendenzen der Immunität ausländischer Staaten, in: ZaöRV, Bd. 40, 1980, S. 222; W. Schaumann/W. J. Habscheid, Die Immunität ausländischer Staaten nach Völkerrecht und deutschem Zivilprozeßrecht, Berichte der Deutschen Gesellschaft des Völkerrechts, Bd. 8, 1968, S. 8; I. Seidl-Hohenveldern/T. Stein, Völkerrecht, 10. Aufl., 2000, S. 103.

ren Staates besessen wurde, gewährt (sog. absolute Immunität).[106] Wie oben bereits erwähnt, besteht der Grundgedanke für die absolute Immunität der Staaten auf den Prinzipien der Gleichheit, der Dignität und der Souveränität, welche die Staaten gegenseitig respektieren mußten. Im Laufe der Zeit wurden die Staaten zunehmend auch wirtschaftlich aktiver. Fraglich war daher, ob die Staaten für alle ihre Handlungen, egal ob hoheitlicher oder rein wirtschaftlicher Natur, Immunität genießen sollten.[107]

In zahlreichen nationalen Gerichtsentscheidungen sowie in nationalen Gesetzen und internationalen Verträgen wurde festgelegt, daß die Staaten keine Immunität genießen, soweit sie nichthoheitlich tätig werden (sog. restriktive bzw. relative Immunität). Diese Einschränkung, die heute allgemein anerkannt ist, wird später noch genauer in dieser Arbeit dargestellt.[108]

Ein Staat kann sich aber auf freiwilliger Basis der inländischen Gerichtsbarkeit eines anderen Staates unterwerfen.[109] Dies gilt vor allem für Fälle, in denen der Staat als Kläger vor dem fremdstaatlichen Gericht auftritt, sowie im Fall einer Widerklage des Beklagten, soweit diese mit dem Streitgegenstand der ursprünglichen Klage in engem Zusammenhang steht.[110] Außerdem kann sich ein Staat auch ausdrücklich[111] der Gerichtsbarkeit eines anderen Staates unterwerfen, indem er verklagt wird und als Beklagter auftritt.[112] Eine solche Unterwer-

---

106 I. Brownlie, Principles of Public International Law, 4. Aufl., 1996, S. 327; K. Doehring, Völkerrecht, 1999, S. 278; M. Shaw, International Law, 4. Aufl., 1997, S. 494; A. Verdross/B. Simma, Universelles Völkerrecht, 3. Aufl., 1984, S. 763.

107 I. Brownlie, Principles of Public International Law, 4. Aufl., 1996, S. 327; K. Doehring, Völkerrecht, 1999, S. 280; M. Shaw, International Law, 4. Aufl., 1997, S. 496; A. Verdross/B. Simma, Universelles Völkerrecht, 3. Aufl., 1984, S. 763.

108 Siehe **2. Kapitel § 3**.

109 I. Brownlie, Principles of Public International Law, 4. Aufl., 1996, S. 340; I. Seidl-Hohenveldern/T. Stein, Völkerrecht, 10. Aufl., 2000, S. 270; M. Shaw, International Law, 4. Aufl., 1997, S. 516; A. Verdross/B. Simma, Universelles Völkerrecht, 3. Aufl., 1984, S. 770.

110 C. Gloria, in: K. Ipsen, Völkerrecht, 4. Aufl., 1999, S. 337; I. Seidl-Hohenveldern/T. Stein, Völkerrecht, 10. Aufl., 2000, S. 270; Art. 9 des Entwurfes der Völkerrechtskommission; Art. 1 (2) a des Europäischen Übereinkommens über Staatenimmunität.

111 Ein Staat kann sich aber auch stillschweigend, z. B. durch die Aufnahme des Rechtsstreits gegen den geltend gemachten Anspruch im Wege einer materiellen Verteidigung der Gerichtsbarkeit eines anderen Staates unterwerfen. Siehe dazu: I. Brownlie, Principles of Public International Law, 4. Aufl., 1996, S. 340; C. Gloria, in: K. Ipsen, Völkerrecht, 4. Aufl., 1999, S. 337.

112 I. Seidl-Hohenveldern/T. Stein, Völkerrecht, 10. Aufl., 2000, S. 323; M. Shaw, International Law, 4. Aufl., 1997, S. 516.

fungserklärung entfaltet ihre Wirkung jedoch lediglich für den in der Erklärung genau bezeichneten Sachverhalt.[113] Unterwirft sich ein Staat der Gerichtsbarkeit des Gerichtsstaates und tritt er also in den Rechtsstreit ein, kann er seine Unterwerfungserklärung in diesem Fall nicht mehr zurücknehmen.[114]

Staatenimmunität bedeutet aber nicht, daß ein fremder Staat die Gesetze des Gerichtsstaates ignorieren darf. Ebenfalls darf er auf dem Territorium des Gerichtsstaates keine eigenen Hoheitsakte bzw. eigene Zwangsmaßnahmen durchführen. Bei der Staatenimmunität handelt es sich lediglich um eine bestimmte Ausnahme der lokalen Staatsgewalt, die einem Staat auf seinem Staatsgebiet verbietet, Hoheitsakte vorzunehmen und Zwang auszuüben, soweit davon ein fremder Staat betroffen ist. Die Staatenimmunität kann in gewissem Umfang auch die Geltung bestimmter Gesetze modifizieren, soweit diese einen Fremdstaat betreffen.[115]

II. Anwendungsbereich der Staatenimmunität

Im folgenden muß noch geklärt werden, wer (das Subjekt) Staatenimmunität für welche Tätigkeiten (das Objekt) genießt.

1. Subjekte der Staatenimmunität (ratione personae[116])

Hauptsubjekte der Staatenimmunität bilden die völkerrechtlich anerkannten Staaten. Staaten, die ihre Außenpolitik bzw. ihre innerstaatliche Akte auf der Grundlage einer Abhängigkeit von einem anderen Staat ausüben, wie z. B. Monaco gegenüber Frankreich[117], besitzen ebenfalls Völkerrechtspersönlichkeit.[118] Aufgrund des Besitzes der Völkerrechtspersönlichkeit sind solche abhängigen Staaten daher auch als Subjekte der Staatenimmunität anzusehen.

---

113 A. Verdross/B. Simma, Universelles Völkerrecht, 3. Aufl., 1984, S. 770.

114 K. Doehring, Völkerrecht, 1999, S. 282; I. Seidl-Hohenveldern/T. Stein, Völkerrecht, 10. Aufl., 2000, S. 323.

115 M. Akehurst, Modern Introduction to International Law, 1988, S. 121; A. Verdross/B. Simma, Universelles Völkerrecht, 3. Aufl., 1984, S. 640.

116 M. Wenckstern, Handbuch des Internationalen Zivilverfahrensrechts, Band II/1. Die Immunität internationaler Organisationen, 1994, S. 13.

117 Monaco hat sich gegenüber Frankreich vertraglich verpflichtet, keine völkerrechtlichen Verträge mit anderen Staaten ohne die vorherige Zustimmung Frankreichs abzuschließen.

118 V. Epping, in: K. Ipsen, Völkerrecht, 4. Aufl., 1999, S. 68.

Demgegenüber ist die Frage, ob die Gliedstaaten eines Bundesstaates bzw. die regionalen Verwaltungseinheiten eines Zentralstaates als Subjekte der Staatenimmunität angesehen werden können, bisher in unterschiedlicher Weise beantwortet worden.[119]

Nach Artikel 28 Absatz 1 des Europäischen Übereinkommens über Staatenimmunität[120] genießen die Gliedstaaten eines Bundesstaates keine Immunität. Allerdings sieht Artikel 28 Absatz 2 eine Ausnahme vor: Ein an das Übereinkommen gebundener Bundesstaat kann dem Generalsekretär des Europarats eine Erklärung abgeben, nach der sich seine Gliedstaaten auf die Vorschriften des Übereinkommens berufen können und die gleichen Pflichten besitzen wie die üblichen Vertragsstaaten.

Der § 1603 (a) des *Foreign Sovereign Immunities Act of 1976*[121] der Vereinigten Staaten von Amerika besagt, daß „a ‚foreign state' ... includes a political subdivision of a foreign state or an agency or instrumentality of a foreign state as defined in subsection (b)." Der § 1603 (b) bestimmt ferner: „An ‚agency or instrumentality of foreign state' means any entity – (1) which is a separate legal person, corporate or otherweise, and (2) which is an organ of a foreign state or political subdivision thereof." Nach dem *Foreign Sovereign Immunities Act* genießen also auch die Gliedstaaten der Vereinigten Staaten von Amerika Immunität.

Nach dem britischen *State Immunity Act 1978*[122] genießt lediglich die föderative Staatsgewalt eines Bundesstaates Immunität. Section 14 (1) des Aktes besagt: „... references to a state include: (a) the sovereign or other head of that State in his public capacity; (b) the government of that State; and (c) any department of that government, but not ... any entity (hereafter referred to as a 'separate entity') which is distinct from the executive organs of the government of the State and capable of suing or being sued." Nach dem britischen Gesetz sind also nur die ausländischen Regierungen und deren Verwaltungseinheiten, welche selbständig im Gericht beklagt werden oder klagen können, ohne jedoch von der zentralen Regierung getrennt zu sein, als Subjekte der Staatenimmunität anzusehen.[123]

---

119 I. Brownlie, Principles of Public International Law, 4. Aufl., 1996, S. 341.

120 BGBl. 1990 II, S. 35 ff.

121 Gesetzestext, in: AJIL, Bd. 71, 1977, S. 595 ff.

122 Gesetzestext, in: ILM, Bd. 17, 1978, S. 1123 ff.

123 G. R. Delaume, The State Immunity Act of the United Kingdom, in: AJIL, Bd. 73, 1979, S. 187.

In Artikel 2, 1 (b) des Entwurfes der Völkerrechtskommission in bezug auf die Staatenimmunität[124] heißt es: „'State' means: (i) the State and its various organs of government; (ii) constituent units of a federal State; (iii) political subdivisions of the State which are entitled to perform acts in the exercise of the sovereign authority of the State; (iv) agencies or instrumentalities of the State and other entities, to the extent that they are entitled to perform acts in the exercise of the sovereign authority of the State; (v) representatives of the State acting in that capacity". Nach diesem Artikel genießen die Gliedstaaten eines Bundesstaates bzw. die zentralen Verwaltungseinheiten eines Zentralstaates Immunität.

Außer den Staaten selbst können auch die Organe fremder Staaten Staatenimmunität genießen.[125] So sieht das Völkergewohnheitsrecht z. B. vor, daß auch ein Staatsoberhaupt vollständige Immunität genießen kann.[126] Auch andere Organe eines fremden Staates können Immunität beanspruchen, soweit ihre Amtshandlungen als unmittelbares staatliches Handeln anzusehen sind.[127]

In der Regel sind die meisten umstrittenen Subjekte der Staatenimmunität staatliche Unternehmen, welche eine eigene Rechtspersönlichkeit haben. Ob sich ein Staatsunternehmen mit eigener Rechtspersönlichkeit auch auf die Immunität berufen kann, hängt von der Natur seines Handelns ab.[128] Nach der Rechtsprechung des Oberlandesgerichts von Frankfurt am Main ist dem Staatsunternehmen Immunität zu gewähren, soweit dieses hoheitliche Tätigkeiten ausübt.[129] Demnach kann ein Staatsunternehmen mit eigener Rechtspersönlichkeit, wie z. B. eine Zentralbank oder eine Presseagentur, Immunität beanspruchen, solange es sich um hoheitliche Aufgaben handelt.[130] Nach der herrschenden Meinung

---

124 Text, in: Yearbook of the International Law Commission, 1991, Bd. II/2, S. 13 ff.

125 Artikel 2 1(b)(i) des Entwurfes der Völkerrechtskommission, in: Yearbook of the International Law Commission, 1991, Bd. II/2, S. 13 ff.; § 1603 (b) (2) vom amerikanischen *State Immunities Act*, in: AJIL, Bd. 71, 1977, S. 595 ff.; 14 (1) vom britischen *State Immnity Act*, in: ILM, Bd. 17, 1978, S. 1123 ff.

126 C. Gloria, in: K. Ipsen, Völkerrecht, 4. Aufl., 1999, S. 339; G. Gornig, Immunität von Staatsoberhäuptern, in: Recht – Staat – Gemeinwohl. Festschrift für Dietrich Rauschning, 2001, S. 457 ff.; G. Hokema, Immunität von Staatsoberhäuptern, 2001.

127 I. Brownlie, Principles of Public International Law, 4. Aufl., 1996, S. 341; C. Gloria, in: K. Ipsen, Völkerrecht, 4. Aufl., 1999, S. 339; M Shaw, International Law, 4. Aufl., 1997, S. 512.

128 A. Verdross/B. Simma, Universelles Völkerrecht, 3. Aufl., 1984, S. 772.

129 Urteil vom 2. Dezember 1975, LG Frankfurt, in: NJW 1976, S. 1044.

130 Z. B. „*National American Corporation v. Federal Republic of Nigeria and the Central Bank of Nigeria*"-Fall, in: ILR, Bd. 63, 1982, S. 137 ff.; „*Krajina v. The Tass Agency and Another*"-Fall, in: ILR, Bd. 16, 1949, S. 129 ff.

können sich staatliche Unternehmen jedoch nicht auf die Immunität berufen, wenn ihre Tätigkeiten nichthoheitlicher Art sind.[131]

2. Objekte der Staatenimmunität (ratione materiae)

Die Frage nach den Objekten der Staatenimmunität befaßt sich mit der Reichweite der Immunität bzw. mit dem Umfang der staatlichen Tätigkeiten eines fremden Staates, für die ihm vor den Gerichten eines anderen Staates Immunität gewährt wird. Wenn z. B. eine Klage in bezug auf das Vermögen eines fremden Staates erhoben wird, könnte der fremde Staat wie die anderen Rechtssubjekte in diese Klage einbezogen sein. Problematisch ist nun, inwieweit der fremde Staat Immunität von der Gerichtsbarkeit eines anderen Staats genießen kann. Die Reichweite der Staatenimmunität im Hinblick auf die unterschiedlichen vom Staat ausgeübten Tätigkeiten macht die Problematik der Theorie von der restriktiven Immunität deutlich.[132]

§ 2 Absolute Immunität

Aufgrund der souveränen Gleichheit der Staaten wurde den souveränen Staaten absolute Immunität eingeräumt.[133]

I. Rechtliche Grundlagen der absoluten Immunität

Bis zum Ende des 19. Jahrhunderts wurde für alle staatlichen Tätigkeiten Immunität gewährt (sog. absolute Immunität).[134] Die Staaten gaben den Grundsätzen der absoluten Souveränität und der gegenseitigen Gleichheit für die Erhaltung der zwischenstaatlichen Beziehungen großes Gewicht. Daher unterließen

---

131 I. Brownlie, Principles of Public International Law, 4. Aufl., 1996, S. 342; C. Gloria, in: K. Ipsen, Völkerrecht, 4. Aufl., 1999, S. 338; M Shaw, International Law, 4. Aufl., 1997, S. 513 ff.; A. Verdross/B. Simma, Universelles Völkerrecht, 3. Aufl., 1984, S. 770.

132 Siehe unten **§ 3. Restriktive Immunität**.

133 Siehe dazu **2. Kapitel § 1. I.**

134 K. Hailbronner, in: W. G. Vitzthum (Hrsg.), Völkerrecht, 2. Aufl., 2000, S. 194; K. Herndl, Zur Problematik der Gerichtsbarkeit über fremden Staaten, in: Festschrift für Alfred Verdross, 1980, S. 427; M. Shaw, International Law, 4. Aufl., 1997, S. 494; A. Verdross/B. Simma, Universelles Völkerrecht, 3. Aufl., 1984, S. 763.

die Staaten einen Teil ihrer Territorialhoheit für die innerhalb von ihrem Staatsgebiet von einem fremden Staat durchgeführten Tätigkeiten, um fremden Staaten Immunität zu gewähren.[135] Allerdings waren damals die Tätigkeiten souveräner Staaten, wie zum Beispiel der Kauf von Waffen, mit hoheitlichen Aufgaben sehr eng gebunden.[136]

II. Rechtsprechung

1. Vereinigte Staaten von Amerika

Als Grundlage der Anerkennung der absoluten Immunität in den Vereinigten Staaten von Amerika ist die Entscheidung vom Obersten Gerichtshof (*Supreme Court*) der Vereinigten Staaten von Amerika im Jahr 1812 zum Fall „*The Schooner Exchange v. McFaddon*" zu zitieren. Dort behauptete Richter Marshall: „perfect equality and absolute independence of sovereigns ... have given rise to a class of cases in which every sovereign is understood to waive the exercise of a part of that complete exclusive territorial jurisdiction, which has been stated to be the attribute of every nation".[137] In seiner Äußerung betonte Richter Marshall, daß die souveränen Staaten in ihrem Staatsgebiet sämtliche Staatsgewalt inne haben, aber sie müssen es unterlassen, in bestimmten Fällen ihre Staatsgewalt gegenüber fremden Staaten auszuüben. Aufgrund dieser Entscheidung sprachen sich die US-amerikanischen Gerichte und das für die internationalen Beziehungen zuständige *State Department* für die absolute Immunität bis nach dem Zweiten Weltkrieg aus.[138]

---

135 Vgl. die Entscheidung von *the Supreme Court* der Vereinigten Staaten vom 1812: „*The Schooner Exchange v. McFaddon*"-Fall, in: W. Cranch, Reports of Cases argued and adjudged in the Supreme Court of the United States, Bd. 7, S. 116 ff.

136 K. Hailbronner, in: W. G. Vitzthum (Hrsg.), Völkerrecht, 2. Aufl., 2000, S. 194; I. Seidl-Hohenveldern/T. Stein, Völkerrecht, 10. Aufl., 2000, S. 270; A. Verdross/B. Simma, Universelles Völkerrecht, 3. Aufl., 1984, S. 768.

137 W. Cranch, Reports of Cases argued and adjudged in the Supreme Court of the United States, Bd. 7, S. 116 ff.

138 Über die Situation nach dem Zweiten Weltkrieg, siehe **2. Kapitel § 3**.

2. *Vereinigtes Königreich*

Das Vereinigte Königreich sprach sich ebenfalls für die absolute Immunität bis in die 1970er Jahre aus,[139] wie die gesamte britische Rechtsprechung deutlich zeigt.

Einen typischen Fall in bezug auf die absolute Immunität bildet der „*Parlement Belge*"-Fall[140], in dem Immunität in erheblichem Umfang gewährt wurde. Das Schiff *Parlement Belge* gehörte dem belgischen König, der Kapitän des Schiffs war ein Offizier der belgischen Marine. Das Schiff transportierte unter anderem auch Handelsware zu Erwerbszwecken. Der *Court of Appeal* gewährte Immunität mit der Begründung, daß Klagen gegen einen ausländischen souveränen Staat vor britischen Gerichten nicht zugelassen und auch Klagen gegen fremdes Staatsvermögen nicht zulässig seien.[141]

Ein Beispiel für eine erhebliche Erweiterung der absoluten Immunität ist im „*Port Alexandre*"-Fall[142] zu finden. In diesem vor dem *Court of Appeal* gebrachten Fall ging es um eine Klage auf Zahlung von Bergungskosten für ein portugiesisches Schiff, welches Portugal zu einem rein privatwirtschaftlichen Zweck benutzte. Trotz der privatwirtschaftlichen Nutzung des Schiffes wurde aufgrund der Rechtsprechung des „*Parlement Belge*"-Falls Immunität gewährt.[143]

Ein ähnliches Beispiel ist der vom britischen höchsten Gerichtshof *House of Lords* entschiedene Fall „*Cristina*"[144]. „*Cristina*" war ein spanisches Schiff und deren Inhaber war eine Privatperson. Das Schiff war wirtschaftlich tätig. Als das Schiff *Cristina* in Cardiff im Vereinigten Königreich ankam, wurde es von der spanischen Regierung requiriert. Der ursprüngliche Inhaber verklagte die

---

139 In bezug auf die Änderung der Stellungnahme des Vereinigten Königreichs über die Staatenimmunität siehe **2. Kapitel § 3**.

140 Law Reports, Probate, Divorce and Admiralty Division, 1875-90, Bd. 5, 1880, S. 197, zitiert von: M. Shaw, International Law, 4 Aufl., 1997, S. 494.

141 Der *Court of Appeal* entschied, daß jeder Staat „declines to exercise by means of its courts any of its territorial jurisdiction over the person of any sovereign or ambassador of any other state, or over the public property of any state which is destined to public use...though such sovereign, ambassador or property be within its jurisdiction", von Richter Brett, in: Law Reports, Probate, Divorce and Admiralty Division, 1875-90, Bd. 5, 1880, S. 214 ff., zitiert von: M. Shaw, International Law, 4 Aufl., 1997, S. 494.

142 ILR, Years 1919-1922, Bd. 1, S. 146.

143 ILR, Years 1919-1922, Bd. 1, S. 147.

144 ILR, Years 1938-1940, Bd. 9, S. 250.

spanische Regierung auf Herausgabe des Eigentums an dem Schiff vor dem britischen Gericht. Das *House of Lords* gewährte der spanischen Regierung Immunität mit der Begründung, daß souveräne Staaten aufgrund des Völkerrechts vor einem ausländischen Gericht nicht ohne deren Zustimmung verklagt werden dürfen.[145] Beim „*Cristina*"-Fall zweifelten aber einige Richter daran, ob die spanische Regierung in bezug auf ein Schiff, das lediglich wirtschaftliche Aufgaben ausübte, überhaupt Anspruch auf Immunität hatte.[146]

3. Bundesrepublik Deutschland

In der Bundesrepublik Deutschland wurde die absolute Immunität für ausländische Staaten bis 1945 anerkannt.[147]

In der Entscheidung im Fall Alfred von Hellfeld gegen den Fiskus des Russischen Reiches vom 25. Juni 1910 gewährte der Preußische Gerichtshof dem Russischen Reich Immunität. In diesem Fall ging es ursprünglich um die Zahlungsklage gegen das Russische Reich in bezug auf ein Waffenlieferungsgeschäft zwischen Alfred von Hellfeld und der russischen Regierung. In seiner Begründung erwog der Preußische Gerichtshof die Möglichkeit, ob man auch die Meinung vertreten könne, ausländischen Staaten keine Immunität in bezug auf ihre privatrechtlichen Tätigkeiten zu gewähren. Der Preußische Gerichtshof erkannte jedoch die absolute Immunität für ausländische Staaten an, so daß ein ausländischer Staat ohne seine Zustimmung nicht der preußischen Gerichtsbarkeit unterworfen war.[148]

Im Urteil vom 10. Dezember 1921 gewährte das Reichsgericht absolute Immunität in bezug auf die US-amerikanische Firma *United States Shipping Board*, die das Schaden verursachende Schiff „*Ice King*" als Vertreter der US-amerikanischen Regierung für wirtschaftliche Zwecke verwendet hatte. Das Reichsgericht sah die Klage als gegen die Vereinigten Staaten von Amerika gerichtet. Die US-amerikanische Regierung wurde als der Eigentümer des Dampfers „*Ice King*" angesehen und nicht das *United States Shipping Board*, welches nur im Auftrag der Regierung handelte. Das Reichsgericht stellte fest, daß ein auslän-

---

145 ILR, Years 1938-1940, Bd. 9, S. 250 ff.

146 Vgl. die Meinungen der Richter Macmillan und Maugham, in: ILR, Years 1938-1940, Bd. 9, S. 259 ff.

147 BVerfGE 16, S. 34.

148 Jahrbuch des öffentlichen Rechts der Gegenwart, Bd. V, 1911, S. 252 ff.

discher Staat auch aus rein privatrechtlichen Ansprüchen in der Regel nicht vor inländischen Gerichten belangt werden könne.[149]

III. Ausnahmen von der absoluten Immunität

Obwohl die absolute Immunität Staaten gewährt wurde, so wie vorher in dieser Arbeit gezeigt wird,[150] wurde die Immunität in einigen Fällen nur unter bestimmten Voraussetzungen anerkannt.

Im Vereinigten Königreich wurde die absolute Immunität in erheblichem Umfang anerkannt, gleichwohl bestand schon damals keine uneingeschränkte Immunität. Wollte ein fremder Staat seinen Immunitätsanspruch vor einem britischen Gericht geltend machen, dann mußte er beweisen, daß ihm die Begründung der Klage zustand, wenn die Begründetheit der Klage oder das Eigentum an der Sache, um die es sich in der Klage handelt, umstritten waren.[151] Da ausländische Staaten die Berechtigung ihres Anspruchs vor den britischen Gerichten beweisen müssen, besteht hier eine Beschränkung der absoluten Immunität.

Trotz der Anerkennung absoluter Immunität wurde die Immunität in den Vereinigten Staaten von Amerika manchmal ebenfalls nur unter bestimmten Voraussetzungen Staaten gewährt. Beispielsweise war im Fall „*Navemar*" sowie im Fall „*Republic of Mexico v. Hoffman*" fraglich,[152] ob es für die Immunitätsgewährung ausreichend sei, daß ein ausländischer Staat Eigentümer eines Schiffes ist oder ob er das Schiff tatsächlich besitzen und unter seiner Kontrolle haben mußte. War der Staat lediglich Eigentümer des Schiffes, ohne sich an den Geschäften beteiligt zu haben, welche das Schiff durchgeführt hatte, wurde dem Staat — so im Fall „*Navemar*" Spanien und im Fall „*Republic of Mexico v. Hoffman*" Mexiko — keine Immunität gewährt.[153]

---

[149] Entscheidungen des Reichsgerichts in Zivilsachen (im folgenden RGZ), Bd. 103, S. 274 ff., vgl. Reichsgericht im Urteil vom 12. Dezember 1905, in: RGZ, Bd. 62, S. 165 ff.

[150] Siehe dazu **2. Kapitel § 2. I** und **II.**

[151] „*Juan Ysmael & Co. Inc. v. Government of the Republic of Indonesia*"-Fall, in: ILR, 1954, Bd. 21, S. 95 ff.

[152] In beiden Fällen ging es um die staatseigenen Schiffe. Vgl. „*The Navemar*"-Fall, in: ILR, Years 1938-1940, Bd. 9, S. 176 ff. und „*Republic of Mexico v. Hoffman*"-Fall, in: ILR, Years 1943-1945, Bd. 12, S. 143 ff.

[153] „*The Navemar*"-Fall, in: ILR, Years 1938-1940, Bd. 9, S. 176 ff. und „*Republic of Mexico v. Hoffman*"-Fall, in: ILR, Years 1943-1945, Bd. 12, S. 143 ff.

§ 3 Restriktive Immunität

I. Staatenpraxis

Durch den Industrialisierungsprozeß erstreckt sich der Tätigkeitsbereich der Staaten auch auf den wirtschaftlichen Bereich. Dies führte dazu, daß neben privaten Personen auch die souveränen Staaten immer häufiger am Wirtschaftsverkehr teilnahmen.[154] Als Folge der Ausdehnung der staatlichen Tätigkeit tauchten Zweifel auf, ob den souveränen Staaten auch Immunität in bezug auf ihre wirtschaftlichen Tätigkeiten gewährt werden solle.[155] Es herrschte die Meinung, daß Staaten Immunität nur hinsichtlich ihrer hoheitlichen Akte (sog. *acta jure imperii*) genießen, während für nichthoheitliche Akte (sog. *acta jure gestionis*) keine Immunität gewährt werden könne (sog. restriktive Immunität).[156] Nach einigen Gerichtsurteilen wurde aber die restriktive Immunität in vielen Staaten anerkannt, was zum Abschluß von mehreren internationalen Verträgen bzw. Konventionen über die restriktive Immunität führte. Als Beispiele hierfür seien das „Europäische Übereinkommen über die Staatenimmunität"[157] des Europarats sowie der Kodifikationsentwurf der Völkerrechtskommission der Vereinten Nationen (sog. *ILC*)[158] erwähnt.

II. Rechtsprechung

1. Vereinigte Staaten von Amerika

Die Gerichte der Vereinigten Staaten von Amerika gingen lange von der absoluten Immunität aus, wobei sie in dieser Frage dazu neigten, den Vorschlägen

---

154 C. Gloria, in: K. Ipsen, Völkerrecht, 4. Aufl., 1999, S. 334; W. J. Habscheid, Die Staatenimmunität im Erkenntnis- und Vollstreckungsverfahren, in: Festschrift für Hans Giger, 1989, S. 216; K. Herndl, Zur Problematik der Gerichtsbarkeit über fremde Staaten, in: Festschrift für Alfred Verdross, 1980, S. 430; I. Seidl-Hohenveldern/T. Stein, Völkerrecht, 10. Aufl., 2000, S. 103.

155 So die Rechtsprechung in Italien oder Belgien. Vgl. dazu I. Brownlie, Principles of Public International Law, 4. Aufl., 1996, S. 327; I. Seidl-Hohenveldern/T. Stein, Völkerrecht, 10. Aufl., 2000, S. 270; M. Shaw, International Law, 4. Aufl., 1997, S. 497; A. Verdross/B. Simma, Universelles Völkerrecht, 3. Aufl., 1984, S. 763.

156 I. Brownlie, Principles of Public International Law, 4. Aufl., 1996, S. 329; C. Gloria, in: K. Ipsen, Völkerrecht, 4. Aufl., 1999, S. 334; M. Shaw, International Law, 4. Aufl., 1997, S. 497; A. Verdross/B. Simma, Universelles Völkerrecht, 3. Aufl., 1984, S. 764.

157 BGBl. 1990 II, S. 34 ff.

158 Yearbook of the International Law Commission, 1991, Bd. II/2, S. 13 ff.

der Exekutive (sog. *suggestions of immunity*) zu folgen.[159] Am 19. Mai 1952 teilte das für internationale Beziehungen zuständige *State Department* dem US-amerikanischen Justizminister mit, daß zum Zweck des Schutzes von Privatpersonen, die wirtschaftliche Beziehungen zu Staaten unterhalten, die Immunität der Staaten hinsichtlich ihrer wirtschaftlichen Tätigkeiten begrenzt werden müsse. Da sich die Gerichte an Weisungen des *State Department* hielten, wurde somit die restriktive Immunität auch in den Vereinigten Staaten von Amerika angenommen (sog. *Tate-letter*)[160], wie die daraufhin ergangenen Urteile zeigten.[161]

2. Vereinigtes Königreich

Im Vergleich zu den Vereinigten Staaten von Amerika wurde die restriktive Immunität im Vereinigten Königreich relativ spät eingeführt. Der „*Philippine Admiral*"-Fall[162] war Anlaß, die Theorie der restriktiven Immunität in der britischen Rechtsprechung einzuführen. Am 5. November 1975 entschied der *Privy Council* hinsichtlich der Frage der Reparaturkosten des Schiffes *Philippine Admiral*, daß, obwohl die Theorie der absoluten Staatenimmunität für *actio in personam* für die ausländischen souveränen Staaten hinsichtlich ihrer wirtschaftlichen Tätigkeit anerkannt war, die absolute Staatenimmunität für *actio in rem* gegen das Schiff, das für den wirtschaftlichen Zweck tätig ist, nicht anerkennbar sei. Damit wurde dem Schiff, das zwar der philippinischen Republik gehörte, jedoch zu üblichen Handelszwecken verwendet wurde, die (absolute) Immunität abgesprochen.[163]

---

159 H. Alexy, Der Einfluß der Exekutive und innerstaatlichen Rechtsgrundsätze auf die amerikanische Rechtsprechung zur Immunität fremder Staaten, in: ZaöRV, Bd. 22, 1962, S. 680 ff.

160 Abgedruckt im JIR, Bd. 7, 1956, S. 403; „The department feels that the widespread and increasing practice on the part of governments of engaging in commercial activities makes necessary a practice which will enable persons doing business with them to have their rigts determined in the courts".

161 „*Victory Transport Inc. v. Comisaria General de Abasteciementos y Transportes*"-Fall, in: ILR, Bd. 35, 1967, S. 110; „*National City Bank of New York v. Republic of China*"-Fall, in: ILR, Bd. 22, 1955, S. 210; „*Rich v. Naviera Vacuba*"-Fall, in: ILR, Bd. 32, 1966, S. 127; „*Alfred Dunhill of London Inc. v. The Republic of Cuba*"-Fall, in: ILR, Bd. 66, 1985, S. 212 ff.

162 ILR, Bd. 64, 1983, S. 90 ff.

163 ILR, Bd. 64, 1983, S. 91.

Am 13. Januar 1977 erklärte der *Court of Appeal* im „*Trendtex Trading Corporation v. Central Bank of Nigeria*"-Fall die restriktive Theorie bei direkt gegen ausländische Staaten gerichteten Klagen als anwendbar.[164] Der Sachverhalt des Falls war folgender: Nigeria hatte Anfang 1975 unter der Regierung Gowon ca. 20 Millionen Tonnen Zement bei Firmen in verschiedenen Staaten bestellt. Zur Abwicklung der Geschäfte eröffnete die *Central Bank of Nigeria* unwiderrufliche Dokumentakkreditive bei europäischen Banken, in diesem Fall bei *Midland Bank Ltd.* in London. Der Zementanbieter *Trendex Trading Corporation of Zurich* verklagte die *Central Bank of Nigeria* auf Zahlung des Zements. Die *Central Bank of Nigeria* beanspruchte aber Immunität mit der Begründung, daß sie als Teil des nigerianischen Staates zu betrachten sei. Der *Court of Appeal* entschied aber, daß die Eröffnung der unwiderruflichen Dokumentakkreditive eine reine wirtschaftliche Handlung sei und die souveränen Staaten nicht mehr für ihre wirtschaftlichen Tätigkeiten Immunität genießen.[165]

3. Bundesrepublik Deutschland

Am 30. April 1963 entschied das deutsche Bundesverfassungsgericht in bezug auf die Zahlungsklage gegen das Kaiserreich Iran, daß „nach allgemeinem Völkerrecht die Staaten Immunität nur noch für *Akte jure imperii* und nicht mehr für *Akte jure gestionis* beanspruchen können."[166] Mit diesem Urteil wurde die restriktive Immunität in der Bundesrepublik Deutschland anerkannt. Dabei zitierte das Bundesverfassungsgericht die ausländischen Gerichtsurteile, in denen die Gerichtsbarkeit des Gerichtsstaates hinsichtlich eines ausländischen Staates anerkannt wurde, in denen also der fremde Staat nicht als Hoheitsträger, sondern als bloßes Subjekt privater Rechte und Pflichten angesehen wurde. Somit verlor ein souveräner Staat seine absolute Immunität und unterlag von nun an der Gerichtsbarkeit anderer Staaten in bezug auf nichthoheitliches Handeln.[167]

---

164 ILR, Bd. 64, 1983, S. 111 ff.; G. Ress, Entwicklungstendenzen der Immunität ausländischer Staaten, in: ZaöRV, Bd. 40, 1980, S. 240 ff.

165 ILR, Bd. 64, 1983, S. 120 ff.

166 BVerfGE 16, S. 52.

167 BVerfGE 16, S. 35.

III. Kodifikation

Innerhalb der Staatenpraxis zeichnete sich eine Tendenz hin zu einer Annahme der restriktiven Immunität ab. So wurde die Theorie der restriktiven Immunität in nationale Gesetze aufgenommen. Auch internationale Vereinbarungen bekannten sich zu diesem Prinzip. Nationale Gesetze und internationale Vereinbarungen listeten die Ausnahmefälle auf, in denen den Staaten keine Immunität gewährt werden durfte. Der am meisten umstrittene Fall dieser Ausnahmefälle war die wirtschaftliche Tätigkeit der Staaten.

1. Vereinigte Staaten von Amerika: Foreign Sovereign Immunities Act von 1976

In den Vereinigten Staaten von Amerika wurde die restriktive Theorie 1976 durch den *Foreign Sovereign Immunities Act* angenommen. Die §§ 1605 bis 1607 des Gesetzes listeten die Fälle auf, in denen ausländische Staaten keine Immunität genießen können.

§ 1605 (a) (1) betrifft den Fall des Immunitätsverzichtes, der § 1605 (a) (2) gewährt den Staaten keine Immunität in den Fällen: „in which the action is based upon a commercial activity carried on in the United States by the foreign state; or upon an act performed in the United States in connection with a commercial activity of the foreign state elsewhere; or upon an act outside the territory of the United States in connection with a commercial activity of the foreign state elsewhere and that act causes a direct effect in the United States".[168] Die Definiton der *„commercial activity"* ist in § 1603 (d) niedergelegt: „A ‚commercial activity' means either a regular course of commercial conduct or a particular commercial transaction or act."[169] Nach § 1605 (a) (3) wird den ausländischen Staaten auch keine Immunität für ihr bewegliches Vermögen gewährt, solange dieses mit ihren wirtschaftlichen Tätigkeiten in den Vereinigten Staaten von Amerika in Verbindung steht; nach § 1605 (a) (4) genießen die Staaten keine Immunität in bezug auf ihr unbewegliches Vermögen in den Vereinigten Staaten von Amerika. Laut § 1605 (b) wird Schiffen, die für die wirtschaftliche Tätigkeit ausländischer Staaten verwendet werden, ebenfalls keine Immunität gewährt. Weiterhin bestimmt § 1606 den Umfang der Immunität dahingehend,

---

168 Gesetzestext in: AJIL, Bd. 71, 1977, S. 595 ff.

169 Gesetzestext in: AJIL, Bd. 71, 1977, S. 595 ff.

daß die ausländischen Staaten nicht verantwortlich für sog. *punitive damages* sind. Nach § 1607 genießen die ausländischen Staaten keine Immunität in bestimmten Fällen von Widerklage.

2. Vereinigtes Königreich: State Immunity Act von 1978

Im Vereinigten Königreich wurde das Prinzip der restriktiven Staatenimmunität in das *State Immunity Act* aufgenommen.[170] Inhaltlich richtet sich dieses Gesetz hauptsächlich nach dem Europäischen Übereinkommen über die Staatenimmunität vom 1972.[171] § 1 (1) des britischen Aktes legt zunächst die Theorie der restriktiven Staatenimmunität im Vereinigten Königreich fest: „A State is immune from the jurisdiction of the courts of the United Kingdom except as provided in the following provisions of this Part of this Act".

Die §§ 2 bis 11 des Aktes listen die Fälle auf, in denen ein Staat keine Immunität genießen kann. So besagt z. B. der § 3 (1) (a), daß „A State is not immune as respects proceedings relating to - (a) a commercial transaction entered into by the State". Eine „*commercial transaction*" (= wirtschaftliche Tätigkeit) bedeutet nach § 3 (3): „(a) any contract for the supply of goods or services; (b) any loan or other transaction for the provision of finance and any guarantee or indemnity in respect of any such transaction or of any other financial obligation; and (c) any other transaction or activity (whether of a commercial, industrial, financial, professional or other similar character) into which a State enters or in which it engages otherwise than in the exerceise of sovereign authority."

Nach § 7 (a) werden auch die Fälle der im Vereinigten Königreich registrierten oder geschützten Patente oder Markenzeichen als Ausnahme von der Immunität aufgeführt.

Wie im US-amerikanischen Gesetz genießen die Staaten nach § 6 (1) (a) und (b) des britischen Gesetzes ebenfalls keine Immunität für ihr unbewegliches Vermögen im Vereinigten Königreich, während § 10 Schiffen keine Immunität gewährt, die von den ausländischen Staaten zu einem wirtschaftlichen Zweck verwendet werden.

---

170 Gesetzestext in: ILM, Bd. 17, 1978, S. 1123 ff.

171 Text, in: BGBl. 1990 II, S. 34 ff.

Der britische *State Immunity Act* sieht jedoch nicht die gleichen Ausnahmen von der Immunität wie das US-amerikanische Gesetz vor. So wird zum Beispiel den Staaten nach § 4 (1) des britischen Gesetzes keine Immunität gewährt, wenn es sich um einen Arbeitsvertrag zwischen einem Staat und einer Privatperson handelt, der im Vereinigten Königreich unterzeichnet wurde.

Gleiches gilt für den Tod oder die Verletzung von Menschen (vgl. § 5 (a) des britischen Gesetzes). Wenn ausländische Staaten Mitglied in einer Gesellschaft oder sonstigen Organisation sind, die nach britischer Rechtsordnung gegründet wurde, und diese auch zum Teil Privatpersonen aufnehmen, dann haben diese Staaten keinen Anspruch auf Immunität in Rechtsfragen, die diese Gesellschaften oder Organisationen betreffen (vgl. § 8 des britischen Gesetzes). Nach § 9 des *State Immunity Act* genießen die Staaten ebenfalls keine Immunität, falls sie einen Schiedsvertrag abgeschlossen haben. Schließlich gewährt § 11 des britischen *State Immunity Act* keine Immunität in bezug auf Fragen über die Mehrwertsteuer und die Zollabstimmung.

3. Bundesrepublik Deutschland

In der Bundesrepublik Deutschland gibt es kein spezielles Gesetz hinsichtlich der Staatenimmunität. Diese Frage wird lediglich in § 20 des Gerichtsverfassungsgesetzes (im folgenden GVG) geregelt. § 20 (2) GVG lautet: „Im Übrigen erstreckt sich die deutsche Gerichtsbarkeit auch nicht auf andere als die in Absatz 1 und in den §§ 18 und 19 genannten Personen, soweit sie nach den allgemeinen Regeln des Völkerrechts, auf Grund völkerrechtlicher Vereinbarungen oder sonstiger Rechtsvorschriften von ihr befreit sind." Der Ausdruck „nach den allgemeinen Regeln des Völkerrechts" wurde von der Rechtsprechung ausgelegt. So haben zum Beispiel ausländische Staaten Anspruch auf Immunität, soweit sie eine hoheitliche Funktion ausüben. Bei privatrechtlicher Betätigung hingegen entfällt der Anspruch auf Immunität (wie z. B. bei einer Klage auf Herausgabe eines verkauften Gesandtschaftgebäudes). [172]

---

[172] BVerfGE 16, S. 27; R. Geiger, Staatenimmunität: Grundsatz und Ausnahme, in: NJW 1987, S. 1124 ff.; R. Zöller, Zivilprozeßordnung, 23. Aufl., 2002, S. 2479.

4. Internationale Vereinbarungen

Wie die nationalen Gesetze einzelner Staaten ist in einigen internationalen Kodifikationstexten auch die Theorie der restriktiven Immunität geregelt.

a) *Europäisches Übereinkommen über Staatenimmunität*

Das Europäische Übereinkommen über Staatenimmunität des Europarats vom 16. Mai 1972[173] bestätigt die Annahme der restriktiven Immunität in der Präambel, da im internationalen Recht die Tendenz besteht, die Fälle einzuschränken, in denen ein Staat vor ausländischen Gerichten Immunität beanspruchen kann.

In den Artikeln 1 bis 14 des Übereinkommens werden die Fälle aufgelistet, in denen keine Immunität gewährt werden kann. Der wichtigste Fall der Immunitätsausnahme - die wirtschaftliche Tätigkeit von Staaten - wird in Artikel 7 (1) des Übereinkommens niedergelegt: Ein Vertragsstaat kann vor dem Gericht eines anderen Vertragsstaates keine Immunität beanspruchen, wenn er in diesem Staat ein Büro, eine Agentur oder eine andere Niederlassung hat, durch die er eine gewerbliche, kaufmännische oder finanzielle Tätigkeit ausübt, wie eine Privatperson sie auch ausüben würde.

Wie im US-amerikanischen *Foreign Sovereign Immunities Act* wird im Europäischen Übereinkommen über Staatenimmunität in Artikel 2 der Fall des ausdrücklichen bzw. stillschweigenden Verzichts auf Staatenimmunität als Ausnahme zur Gewährung der Staatenimmunität erklärt. Wie in den US-amerikanischen oder britischen Gesetzestexten genießen die Staaten keine Immunität bei Rechtsfragen über Patente, gewerbliche Muster oder Warenzeichen (Art. 8 des Europäischen Übereinkommens). Artikel 9 und 10 des Europäischen Übereinkommens gewähren den Staaten keine Immunität in bezug auf Rechtsfragen bezüglich beweglicher oder unbeweglicher Vermögenswerte.

Ähnlich wie im US-amerikanischen *Foreign Sovereign Immunities Act* regelt das Europäische Übereinkommen über Staatenimmunität auch den Fall der Widerklage: „wenn sich die Widerklage aus dem Rechtsverhältnis oder aus dem Sachverhalt herleitet, auf die sich die Hauptklage stützt", dann genießen die Staaten keine Immunität (Artikel 1 (2) des Übereinkommens).

---

[173] BGBl. 1990 II, S. 34 ff.

Der zwischen einem Staat und einer natürlichen Person abgeschlossene Arbeitsvertrag bildet ebenfalls eine Ausnahme von der Immunität wie im britischen *State Immunity Act* (Artikel 5 des Übereinkommens).

Nach Artikel 11 des Europäischen Übereinkommens genießen die Staaten keine Immunität, solange die Rechtsfrage den „Ersatz eines Personen- oder Sachschadens" betrifft. Dem britischen Gesetz folgend gewährt Artikel 6 des Europäischen Übereinkommens über Staatenimmunität den Staaten keine Immunität, wenn diese an einer Gesellschaft, einer Vereinigung oder einer juristischen Person beteiligt sind. Schließlich sieht Artikel 12 des Europäischen Übereinkommens über Staatenimmunität die Schiedsvereinbarung als Ausnahme von der Gewährung der Staatenimmunität vor.

b) Kodifikationsentwurf der Völkerrechtskommission der Vereinten Nationen

Die Aufgabe der Völkerrechtskommission der Vereinten Nationen ist laut ihrer Satzung[174] die Erstellung von Vertragsentwürfen, damit die weitgehend ungeklärten Völkerrechtsgebiete fortschreitend entwickelt und weitgehend im allgemeinen Völkerrecht geklärte Rechtsgebiete schriftlich fixiert werden können (sog. Kodifikation). Schließlich muß ein Entwurf der Völkerrechtskommission der Vereinten Nationen von einer Staatenkonferenz, welche die Generalversammlung der Vereinten Nationen einberufen hat, unterzeichnet und zur Ratifikation durch die Staaten aufgelegt werden. Durch diese Kodifikationsarbeit der Völkerrechtskommission der Vereinten Nationen wurden wichtige Gebiete des Völkerrechts in Völkerrechtsverträgen festgeschrieben. Als Beispiel sind die Wiener Übereinkünfte über diplomatische (1961) und konsularische Beziehungen (1963) sowie das Wiener Übereinkommen über das Recht der Verträge von 1969 zu nennen.

Anfang der 1990er Jahre erschien der Kodifikationsentwurf der Völkerrechtskommission der Vereinten Nationen über die gerichtliche Immunität von Staaten und ihres Eigentums.[175] In diesem Entwurf nahm die Völkerrechtskommission die restriktive Theorie der Staatenimmunität auf, wobei die Artikel 10 bis 17 des Entwurfes die Fälle nennen, in denen die Staatenimmunität nicht gewährt werden kann.

---

174 Artikel 15, Artikel 18-24 des Statuts der Völkerrechtskommission, in: U.N. Doc. A/CN. 4/4/Rev. 2, 1982, S. 2.

175 Yearbook of the International Law Commission, 1991, Bd. II/2, S. 13.

In Artikel 10 des Entwurfes der Völkerrechtskommission der Vereinten Nationen für die Staatenimmunität sind die sog. *commercial transactions* (= wirtschaftliche Tätigkeiten) als Ausnahme von der Staatenimmunität aufgeführt. Artikel 10 (1) lautet wie folgt: „If a State engages in a commercial transaction with a foreign natural or judicial person and, by virtue of the applicable rules of private international law, differences relating to the commercial transaction fall within the jurisdiction of a court of another State, the State cannot invoke immunity from that jurisdiction in a proceeding arising out of that commercial transaction". Der Begriff der *commercial transactions* wird im Artikel 2 (1) (c) des Entwurfes wie folgt definiert:

- „any commercial contract or transaction for the sale of goods or supply of service;
- any contract for a loan or other transaction of a financial nature, including any obligation of guarantee or of indemnity in respect of any such loan or transaction;
- any other contract or transaction of a commercial, industrial, trading or professional nature, but not including a contract of employment of persons."

Als Folge der Annahme der restriktiven Staatenimmunität bei der Kodifikationsarbeit der Völkerrechtskommission war umstritten, nach welchem Kriterium darüber entschieden wird, ob die betroffene Tätigkeit wirtschaftlich (nichthoheitlich) ist.[176]

Die anderen Vorschriften des Kodifikationsentwurfes der Völkerrechtskommission ähneln den sonstigen nationalen Immunitätsbestimmungen.

Wie der US-amerikanische *Foreign Sovereign Immunities Act* und das Europäische Übereinkommen über Staatenimmunität regelt Artikel 7 des Kodifikationsentwurfes der Völkerrechtskommission den Fall des Verzichtes auf die Immunität. Artikel 14 des Entwurfes behandelt die Patente und das industrielle Vermögen als Ausnahme von der Immunität. In Artikel 13 des Entwurfes wird über die Bewertung von beweglichen und unbeweglichen Vermögenswerten entschieden, während Artikel 16 des Entwurfes den Staaten keine Immunität für ihre Schiffe gewährt, die zu einem wirtschaftlichen Zweck benutzt werden.

---

176 Vgl. **2. Kapitel § 4.**

Nach dem Vorbild des US-amerikanischen Gesetzes und des Europäischen Übereinkommens über Staatenimmunität genießen die Staaten keine Immunität im Fall einer Widerklage, die in Verbindung mit der Hauptklage steht (Artikel 9 des Entwurfes). Artikel 11 schließt auch die Arbeitsverträge von der Immunität aus. Wie im britischen Gesetz und im Übereinkommen des Europarats genießen die Staaten keine Immunität in bezug auf den Ersatz eines Personen- oder Sachschadens (Artikel 12 des Entwurfes) und im Fall des Bestehens einer Schiedsvereinbarung (Artikel 17 des Entwurfes). Artikel 15 des Entwurfes regelt den Ausnahmefall, wenn Staaten an Gesellschaften oder sonstigen Organisationen beteiligt bzw. Mitglied sind.

IV. Zwischenergebnis

Die innerstaatlichen und internationalen Kodifikationen zeigen eine deutliche Tendenz zur Anerkennung der restriktiven Immunität. Die in den verschiedenen Kodifikationsinstrumenten aufgelisteten Ausnahmefälle von der Immunität sind fast alle identisch. Die am meisten umstrittene Ausnahme betrifft die gerichtliche Immunität bei wirtschaftlicher Tätigkeit von Staaten. Die Gerichte der verschiedenen Staaten müssen oft die Begriffe „*commercial transactions*" bzw. „wirtschaftliche oder nichthoheitliche Tätigkeiten" auslegen. Dieses Auslegungsproblem der staatlichen Tätigkeiten wird im folgenden behandelt.

§ 4 Auslegung der Aufteilungsmöglichkeit staatlicher Tätigkeiten

I. Verschiedene Kriterien

Geht man von der Theorie der restriktiven Immunität aus, sind hoheitliche und nichthoheitliche Tätigkeiten zu unterscheiden. Besonders umstritten hinsichtlich der Immunitätsgewährung sind die wirtschaftlichen Tätigkeiten von Staaten. Der erste Grund dafür, daß die wirtschaftlichen Tätigkeiten von Staaten am meisten als Ausnahme von der Staatenimmunität erörtert wurden, liegt darin, daß juristische oder natürliche Personen des Privatrechts keine Immunität für ihre wirtschaftlichen Handlungen genießen.[177] Der zweite Grund ist, daß die wirtschaftlichen Handlungen nicht als originäre Tätigkeiten von Staaten aner-

---

[177] I. Seidl-Hohenveldern/T. Stein, Völkerrecht, 10. Aufl., 2000, S. 271.

kannt werden. Zur Zeit existiert keine völkerrechtliche Definition der Begriffe hoheitliche und nichthoheitliche Tätigkeit. Diese Begriffe werden aber in der Regel auf der Ebene des nationalen Rechts des Gerichtsstaates (sog. *lex-fori*) definiert.[178] Der Umfang der staatlichen Handlungen kann aufgrund von zwei verschiedenen Kriterien bestimmt werden. Das erste Auslegungskriterium ist im Zweck der staatlichen Akte zu finden, während das zweite durch die Natur der staatlichen Akte bestimmt wird.

1. Erstes Auslegungskriterium: Zweck

Die Gerichte des Gerichtsstaates treffen die Entscheidung, ob der fremde Staat mit seinem Akt einen hoheitlichen Zweck verfolgte.[179] Es ist jedoch oft schwer, diesen Zweck festzustellen, weil jede staatliche Tätigkeit mehr oder weniger einen hoheitlichen Zweck enthält.[180]

Das Zweckkriterium ermöglicht, den staatlichen Handlungsspielraum zu erweitern.[181] Wenn ein Staat z. B. Lebensmittel oder Geräte für sein Militär in einem anderen Staat kauft, könnte dieses privatwirtschaftliche Geschäft einen hoheitlichen Zweck verfolgen, so daß in Verbindung mit dem Kaufgeschäft die Immunität an den Staat gewährt werden könnte. In einem solchen Fall soll jedoch nicht aufgrund des Zwecks des Kaufgeschäfts, nämlich Versorgung des Militärs, an die Staaten Immunität gewährt werden, sondern vielmehr die Natur der Tätigkeit, welche eine wirtschaftliche Beziehung zwischen den Staaten und ihren Geschäftspartnern aufbaut, berücksichtigt werden.[182] Außerdem hängt das Zweckkriterium sehr von politischen Entscheidungen ab.[183] Wenn beispielsweise ein Staat die wirtschaftliche Entwicklung als staatliches Ziel setzt, können alle wirtschaftlichen Verträge, die der Staat unterschrieben hat, als hoheitliche Tätigkeit anerkannt werden.

---

178 C. Gloria, in: K. Ipsen, Völkerrecht, 4. Aufl., 1999, S. 335; BVerfGE 16, S. 62 ff.

179 I. Brownlie, Principles of Public International Law, 4. Aufl., 1996, S. 332; I. Seidl-Hohenveldern/T. Stein, Völkerrecht, 10. Aufl., 2000, S. 271; M. Shaw, International Law, 4. Aufl., 1997, S. 500.

180 Urteil vom 2. Dezember 1975, LG Frankfurt, in: NJW 1976, S. 1045.

181 C. Schreuer, State Immunity, 1988, S. 15; A. Verdross/B. Simma, Universelles Völkerrecht, 3. Aufl., 1984, S. 767.

182 Vgl. K. Doehring, Völkerrecht, 1999, S. 280. Ein Beispiel innerhalb der Rechtsprechung liefert das BVerfG vom 30. April 1963, in: BVerfGE 16, S. 61 ff. Zu anderen Urteilen vgl. A. Verdross/B. Simma, Universelles Völkerrecht, 3. Aufl., 1984, S. 768.

183 I. Brownlie, Principles of Public International Law, 4. Aufl., 1996, S. 332.

2. *Zweites Auslegungskriterium: Natur*

Ein weiteres Kriterium ist die Natur der staatlichen Tätigkeit. Dabei geht es darum, „ob der ausländische Staat in Ausübung der ihm zustehenden Hoheitsgewalt, also öffentlich-rechtlich, oder wie eine Privatperson, also privatrechtlich, tätig geworden ist".[184] Es geht um die Frage, ob die Handlung des Staates auch von einer privaten Person durchgeführt werden kann.

Als Kodifikation dieser Regelung ist das US-amerikanische Gesetz über die Staatenimmunität, „*The Foreign Sovereign Immunity Act*" aus dem Jahr 1976, als Beispiel zu nennen. § 1603 (d) des Gesetzes lautet: „The commercial character of an activity shall be determined by reference to the nature of the course of conduct or particular transaction or act, rather than by reference to its purpose". Ein Staat handelt z. B. öffentlich-rechtlich, wenn sein Vertreter einen Vertrag zur Einrichtung einer gemeinsamen Waffenerprobung abschließt.[185]

In den britischen Gesetzestexten wird über die Art des Auslegungskriteriums keine Erwägung angestellt (Zweck- oder Naturkriterium).[186]

„Das Europäische Übereinkommen über Staatenimmunität"[187] gibt keinen ausdrücklichen Hinweis hinsichtlich des Auslegungskriteriums hoheitlicher und nichthoheitlicher Tätigkeiten, aber nach dem Wortlaut von Artikel 7 („auf die gleiche Weise wie eine Privatperson") läßt sich vermuten, daß die Tätigkeiten der Staaten nach dem „Naturkriterium" bewertet werden.

---

184 Vgl. Klage gegen das iranische Kaisertum in der Bundesrepublik Deutschland, in: BVerfGE 16, S. 62; „*I° Congreso del Partido*"-Fall, im Vereinigten Königreich, in: ILR, Bd. 64, 1983, S. 314; „*United Arab Republik v. Mrs X*"-Fall in der Schweiz, in: ILR, Bd. 65, 1984, S. 386; Artikel 7 des Europäischen Übereinkommens über Staatenimmunität; I. Brownlie, Principles of Public International Law, 4. Aufl., 1996, S. 332; C. Gloria, in: K. Ipsen, Völkerrecht, 4. Aufl., 1999, S. 335; M. Shaw, International Law, 4. Aufl., 1997, S. 501; A. Verdross/B. Simma, Universelles Völkerrecht, 3. Aufl., 1984, S. 768.

185 K. Doehring, Völkerrecht, 1999, S. 280.

186 G. Ress, Entwicklungstendenzen der Immunität ausländischer Staaten, in: ZaöRV, Bd. 40, 1980, S. 257; Gesetzestext in: ILM, Bd. 17, 1978, S. 1123 ff.

187 BGBl. 1990 II, S. 34 ff.

II. Probleme der Anwendbarkeit des Auslegungskriteriums: Natur der staatlichen Tätigkeit

Staatliche Tätigkeiten, die einen hoheitlichen Zweck verfolgen, deren Inhalt jedoch nicht als hoheitlich anerkannt wurde, sind beispielsweise Kaufverträge für ausländisches Militär (vgl. „*Armes Sales Commission Agreement*"-Fall, Oberlandesgericht Koblenz, in der Bundesrepublik Deutschland[188]; „*McDonell Douglas Corp. v. Islamic Republic of Iran*"-Fall in den Vereinigten Staaten von Amerika[189]). Ebenfalls gelten Kauf-, Liefer- oder Finanzverträge für Güter mit öffentlichen Aufgaben in den ausländischen Staaten als problematisch (vgl. die Entscheidungen in bezug auf die Zentralbank von Nigeria: „*Trendtex Trading Corp. v. Central Bank of Nigeria*"-Fall, im Vereinigten Königreich[190]; Urteil vom 2. Dezember 1975, Landesgericht Frankfurt, in der Bundesrepublik Deutschland[191]; „*National American Corp. v. Federal Republic of Nigeria and the Central Bank of Nigeria*"-Fall, in den Vereinigten Staaten von Amerika[192]).

Kauf-, Bau- oder Leasingverträge zur diplomatischen oder konsularischen Nutzung sind meistens trotz ihres öffentlichen Zwecks als wirtschaftliche Tätigkeit – also damit als nichthoheitliche Tätigkeit – bewertet worden (vgl. in der Bundesrepublik Deutschland: der Fall Klage gegen das iranische Kaisertum[193]; Land Purchase Broker's Commission Case, Oberlandesgericht München[194]; vgl. in der Schweiz: United Arab Republic v. Mrs X, Bundesgericht, 1960[195]).

Das „Naturkriterium"[196] der staatlichen Tätigkeiten ist eher an der Rechtsordnung des Römischen Rechts[197], als am *common law*-System orientiert.[198]

---

188 „...(in der Bundesrepublik Deutschland) immunity from domestic jurisdiction was only granted for sovereign activities and not for activities governed by private law, this classification was normally to be made according to municipal law and the nature rather than the purpose of the act...", in: ILR, Bd. 65, 1984, S. 119.

189 758 F 2d, S. 349 (8th Gir. 1985).

190 ILR, Bd. 64, 1983, S. 111.

191 NJW 1976, S. 1044 ff.

192 ILR, Bd. 63, 1982, S. 137.

193 BVerfGE 16, S. 27.

194 „A foreign State was not entitled to immunity from domestic jurisdiction with regard to its non-sovereign activities and the purchase of property for use as a consulate building and the broker's activity connected with such purchase were not within this sphere of a State's sovereign activities.", in: ILR, Bd. 65, 1984, S. 125 f.

195 ILR, Bd. 65, 1984, S. 385.

196 Siehe oben **2. Kapitel § 4. I.** 2.

197 J. Crawford, International Law and Foreign Souvereigns: Distinguishing Immune Transactions, in: BYIL, Bd. 54, 1983, S. 89; Sir I. Sinclair, The Law of Sovereign Immunity.

Es scheint aber nicht angebracht zu sein, den Zweck der staatlichen Tätigkeiten völlig zu ignorieren, da sich jeder Rechtsakt erst nach seinem Zweck bewerten läßt.[199] Da viele Entwicklungsländer für ihre wirtschaftliche Entwicklung hoheitliche Tätigkeiten ausüben,[200] orientiert sich die Auslegung der staatlichen Tätigkeiten im Entwurf der Völkerrechtskommission der Vereinten Nationen nicht nur am Auslegungskriterium der Natur, sondern auch am Auslegungskriterium des Zwecks der Tätigkeit. In Artikel 2 (2) des Kodifikationsentwurfes der Völkerrechtskommission werden daher beide Kriterien („Zweck"- und „Naturkriterium") für die Auslegung des Ausdrucks „wirtschaftliche Tätigkeit" verwendet.[201]

Am Anfang der Diskussion bei der Völkerrechtskommission war man sich fast einig geworden, daß die Natur der Tätigkeiten als entscheidendes Kriterium akzeptiert werden soll. Die Entwicklungsländer hingegen forderten, daß der Zweck der staatlichen Tätigkeiten auch in Betracht gezogen werden müsse. Die Staaten begründeten ihre Forderung damit, daß sie ihre wirtschaftlichen Tätigkeiten durchführen, um die wirtschaftliche Entwicklung zu fördern. Dies bedeute, daß die wirtschaftlichen Tätigkeiten von Staaten besonders von Entwicklungsländern manchmal einem hoheitlichen Zweck dienten. Demzufolge

---

Recent Developments, in: RdC, Bd. 167, 1980, S. 210 ff.; vgl. Klage gegen das iranische Kaisertum in der Bundesrepublik Deutschland, in: BVerfGE 16, S. 62 ff.

198 M. Shaw, International Law, 4 Aufl., 1997, S. 502.

199 C. Schreuer, State Immunity, 1988, S. 16; M. Shaw, International Law, 4. Aufl., 1997, S. 502.

200 M. Sornarajah, Problems in Applying to Restrictive Theory of Souvereign Immunity, in: International and Comparative Law Quartely, Bd. 31, 1982, S. 669; Report of the Working Group on Jurisdictional Immunities of States and Their Property No. 36 in: Report of the International Law Commission on the Work of its fifty-first Session, 3 May - 23 July 1999 (Doc. A/54/10): „They stressed the importance of current international practice of the developing countries in particular, and the fact that they engaged in contractual transactions which were vital to the national economy or to disaster preventions and relief. If the purpose test was excluded and solely the nature test was applied, they added, such States would not be able to enjoy immunity even with regard to the activities in the exercise of their governmental functions."

201 Art. 2 (2) lautet: In determining whether a contract or transaction is a „commercial transaction" under paragraph 1 (c), reference should be made primarily to the nature of the contract or transaction, but its purpose should also be taken into account if, in the practice of the State which is a party to it, that purpose is relevant to determining the non-commercial character of the contract or transaction.

wurde auch das Zweckkriterium als Kompromiß im Kodifikationsentwurf der Völkerrechtskommission festgeschrieben.[202]

Nach der Vorschrift des Kodifikationsentwurfes wird die Immunität dem Staat eingeräumt, wenn seine Tätigkeit als hoheitlich oder mit anderen Worten „nicht wirtschaftlich“ anerkannt wird. Wenn allerdings eine Tätigkeit von einem Staat als wirtschaftlich bzw. nichthoheitlich anerkannt wird, wird diese Tätigkeit nicht automatisch von der Immunitätsgewährung ausgenommen, sondern es muß weiter geprüft werden, ob die Tätigkeit einem hoheitlichen Zweck dient.

Problematisch hierbei ist, daß die Entscheidung über den Zweck der jeweiligen Tätigkeiten von Staaten nur nach einzelner Staatenpraxis getroffen werden kann. Wenn die Staatenpraxis eines Staates nur das „Naturkriterium“ anerkennt, werden alle Handlungen von Staaten aufgrund ihrer Natur unterschieden, ob sie hoheitlich oder nichthoheitlich sind. Dann werden alle wirtschaftlichen Tätigkeiten problemlos als nichthoheitliche Handlungen kategorisiert und somit wird keine Immunität dafür gewährt.

Wenn allerdings auch das „Zweckkriterium“ zusätzlich für die Unterscheidung staatlicher Tätigkeiten berücksichtigt wird, wie es der Kodifikationsentwurf der Völkerrechtskommission vorsieht, haben nationale Gerichte sehr große Entscheidungsbefugnisse, weil die staatlichen Handlungen heutzutage sehr vielseitig sind.[203] Demzufolge könnte es bei der Rechtsprechung in bezug auf die Immunitätsgewährung zu Komplikationen kommen.

Wenn außerdem bei der Beurteilung staatlicher Tätigkeiten neben dem Zweck auch noch die Staatenpraxis berücksichtigt wird, könnten alle Aktivitäten als hoheitlich bezeichnet werden. Folglich besteht kein Unterschied zwischen dem Fall, in welchem einem Staat aufgrund der absoluten Staatenimmunitätstheorie Immunität gewährt wird, und dem Fall, in welchem nach der restriktiven Theorie der Staatenimmunität entschieden wird.

Ein anderes Problem des Kodifikationsentwurfes der Völkerrechtskommission ist, daß nicht alle wirtschaftlichen Tätigkeiten von Staaten von der Immunitätsgewährung ausgenommen werden.

---

202 Art. 2 (2) des Kodifikationsentwurfes der Völkerrechtskommission.

203 Siehe oben **§ 4. I.** 1.

Laut Artikel 10 (2) des Kodifikationsentwurfes genießen die Staaten für die wirtschaftlichen Tätigkeiten Immunität, welche zwischen den souveränen Staaten durchgeführt werden,[204] und für welche die Beteiligten ausdrücklich „anderes“ vereinbart haben.[205] Diese Bestimmung für die Immunitätsgewährung hinsichtlich wirtschaftlicher Tätigkeiten in bestimmten Fällen berücksichtigt die Interessen der Entwicklungsländer. Die Entwicklungsländer schließen oft Verträge für die Verbesserung ihrer wirtschaftlichen Situation, z. B. einen Kaufvertrag von Nahrungsmitteln für die Bevölkerung, ab.

Die Anwendung des Artikel 10 (2) (a) wird nicht zu Komplikationen bei seiner Anwendung führen, weil das Anwendungskriterium dieses Artikels ausdrücklich geregelt ist, und zwar müssen die Subjekte der wirtschaftlichen Tätigkeiten souveräne Staaten sein. Allerdings kann eine solche Immunitätsgewährung für die wirtschaftlichen Handlungen zwischen den Staaten nicht immer gerecht bewertet werden.

Dies ist beispielsweise dann der Fall, wenn ein Staat A mit einem Staat B einen Vertrag abschließt, wodurch Staat A auf dem Gebiet von Staat B das Produkt X herstellt. Besonders problematisch in einem solchem Fall wäre, wenn der Staat A gesetzwidrige oder ordnungswidrige Maßnahmen als Folge seiner Aktivitäten auf dem Gebiet von Staat B durchführt, und folglich das Volk des Staates B dadurch benachteiligt wird.

Ein anderes Beispiel ist, wenn Staat A einen Kaufvertrag für Nahrungsmittel mit Staat B abschließt, um sein Volk dadurch vor einer Hungersnot zu retten, ohne die Nahrungsmittel bezahlen zu können.

Aufgrund des Kodifikationsentwurfes der Völkerrechtskommission kann in beiden Fällen Staat B den Staat A nicht verklagen. Wenn die staatlichen Tätigkeiten, wie es das US-amerikanische Gesetz regelt, nur nach dem Naturkriterium differenziert werden, wird Staat A in beiden Beispielfällen verklagt.

Ein anderes Problem des Kriteriums im Kodifikationsentwurf der Völkerrechtskommission ist, daß ein sehr breiter Bereich der Immunitätsgewährung für die wirtschaftlichen Tätigkeiten von Staaten bezüglich des Artikel 10 (2) (b) offengelassen wird.

---

204 Art. 10 (2) (a) des Kodifikationsentwurfes der Völkerrechtskommission.

205 Art. 10 (2) (b) des Kodifikationsentwurfes der Völkerrechtskommission.

III. Restriktive Immunität als Völkergewohnheitsrecht?

Sofern die Staatenimmunität aufgrund der restriktiven Theorie gewährt wird, sind die staatlichen Tätigkeiten zwischen hoheitlichen und nichthoheitlichen Tätigkeiten zu unterscheiden. Zur Zeit existiert keine völkerrechtliche Regelung hinsichtlich der Unterscheidungskriterien, so daß diese von einzelnen nationalen Gesetzen bzw. von internationalen Verträgen definiert werden. Solche Gesetze und Verträge listen die Fälle auf, in denen die Staaten keine Immunität genießen. Die Entscheidung des Bundesverfassungsgerichts[206] zeigt jedoch, daß die von der *lex fori* abhängige Auslegung der Art staatlicher Tätigkeiten zu einer ungleichen Behandlung gleichartiger Fälle führt, was einen völkerrechtlichen Charakter der Immunitätsgewährung stark verhindert.[207] Da die Theorie der absoluten Immunität heutzutage nicht mehr angewandt wird, kann gefolgert werden, daß der Begriff der restriktiven Immunität zum Völkergewohnheitsrecht gehört, ohne daß deren Einzelheiten als solche als völkergewohnheitsrechtlich angesehen werden können.[208]

---

206 BVerfGE 16, S. 27 ff.

207 R. Higgins, Recent Development in the Law of Sovereign Immunity in the United Kingdom, in: AJIL, Bd. 71, 1977, S. 258.

208 I. Brownlie, Principles of Public International Law, 4. Aufl., 1996, S. 330.

KAPITEL 3:

Immunität der Internationalen Organisationen dem Grunde nach

§ 1 Struktur der Immunität Internationaler Organisationen

Internationale Organisationen werden gegründet, um ein bestimmtes gemeinsames Ziel zu verfolgen, welches ein einzelner Staat alleine nicht verwirklichen könnte.[209] Um das Ziel zu erreichen, ist die Unparteilichkeit aller Mitgliedstaaten wichtig, damit die Internationalen Organisationen im gemeinsamen Interesse handeln und alle Mitgliedstaaten gleich behandelt werden. Damit die Internationalen Organisationen nicht unter den Einfluß von einem bestimmten Staat kommen, genießen sie Immunität und Privilegien.[210]

I. Definition der Immunität Internationaler Organisationen

Der Begriff Immunität wird häufig mit dem Begriff Privilegien gleichgesetzt. Im Sprachgebrauch wird oft nicht klar zwischen diesen beiden Begriffen unterschieden. Die Privilegien und Immunitäten betreffen jedenfalls das Verhältnis der Internationalen Organisationen zum nationalen Recht.[211] Schermers unterscheidet zwischen beiden Begriffen wie folgt: „Der Ausdruck Privilegien erfaßt alle Fälle, in denen ein Staat sein materielles Recht nicht oder nur abgewandelt auf Internationale Organisationen anwendet.“[212] Als Folge der Privilegien sind Internationale Organisationen zum Beispiel oft von den Vorschriften des Devi-

---

209 K. Doehring, Völkerrecht, 1999, S. 86; V. Epping, in: K. Ipsen, Völkerrecht, 4. Aufl., 1999, S. 71; E. Klein, in: W. G. Vitzthum (Hrsg.), Völkerrecht, 2. Aufl., 2001, S. 277; H. G. Schermers/N. Blokker, International Institutional Law, 3. Aufl., 1995, S. 235; I. Seidl-Hohenveldern/G. Loibl, Das Recht der Internationalen Organisationen einschließlich der Supranationalen Gemeinschaften, 7. Aufl., 2000, S. 5.

210 M. Wenckstern, Handbuch des Internationalen Zivilverfahrensrechts, Band II/1. Die Immunität internationaler Organisationen, 1994, S. 9.

211 M. Wenckstern, Handbuch des Internationalen Zivilverfahrensrechts, Band II/1. Die Immunität internationaler Organisationen, 1994, S. 10.

212 H. G. Schermers/N. Blokker, International Institutional Law, 3. Aufl., 1995, S. 234.

sen-, Zoll-[213] und Steuerrechts[214] sowie der Zensur[215] befreit. Nach Schermers bedeutet der Ausdruck Immunität die Immunität von der Gerichtsbarkeit.[216]

Bezieht sich die Staatenimmunität auf die Immunität einzelner souveräner Nationalstaaten und die diplomatische Immunität auf die einzelner Personen in diplomatischen Funktionen, so bezeichnet internationale Immunität die Immunität der Internationalen Organisationen.[217]

II. Geschichte der Entwicklung der Immunität Internationaler Organisationen

Das Problem der Immunität Internationaler Organisationen wurde schon Anfang des 19. Jahrhunderts erkannt. Damals wurde aber nicht den Internationalen Organisationen als solche die Immunität gewährt, sondern nur Mitarbeitern oder Personen, welche die Internationalen Organisationen repräsentierten. Das Vorbild solcher Immunität war die diplomatische Immunität: Der Diplomat genoß schon damals Immunität von der Gerichtsbarkeit des Empfangsstaates. Bereits in der *Convention of Contingents of the Panama Congress of 1826* wurde die diplomatische Immunitätsgewährung an Nichtdi-plomaten vorgesehen. Nach Artikel 13 und 14 der *Convention of Contingents of the Panama Congress of 1826* wurde eine *Kommission*, die sog. *the Comisión Directiva, for the Atlantic Confederate Navy* gegründet. Aufgrund von Artikel 15 der *Convention* wurde

213 Vgl. Art. 7(b) und (c) des Übereinkommens über die Vorrechte und Immunitäten der Vereinten Nationen (im folgenden UN-Immunitätsabkommen), in: BGBl. 1980 II, S. 941 ff.; Art. 9(b) und (c) des Abkommens über die Vorrechte und Befreiungen der Sonderorganisationen der Vereinten Nationen (im folgenden UN-Sonderorganisationsabkommen), in: BGBl. 1954 II, S. 639 ff.; Art. 7(b) und (c) des Allgemeinen Abkommen über die Vorrechte und Befreiungen des Europarates (im folgenden Europarat-Abkommen), in: BGBl. 1954 II, S. 493 ff.

214 Vgl. Art. 7(a) des UN-Immunitätsabkommens), in: BGBl. 1980 II, S. 941 ff.; Art. 9(a) des UN-Sonderorganisationsabkommens, in: BGBl. 1954 II, S. 639 ff.; Art. 7(a) des Europarat-Abkommens, in: BGBl. 1954 II, S. 493 ff.

215 Vgl. Art. 9 des UN-Immunitätsabkommens, in: BGBl. 1980 II, S. 941 ff.; Art. 12 des UN-Sonderorganisationsabkommens, in: BGBl. 1954 II, S. 639 ff.; Art. 8 des Europarat-Abkommens, in: BGBl. 1954 II, S. 493 ff.

216 H. G. Schermers/N. Blokker, International Institutional Law, 3. Aufl., 1995, S. 234.

217 M. Wenckstern, Handbuch des Internationalen Zivilverfahrensrechts, Band II/1. Die Immunität internationaler Organisationen, 1994, S. 9.

den Mitgliedern der Kommission diplomatische Immunität gewährt, um die Unabhängigkeit der Kommission zu sichern.[218]

Die Tatsache, daß Mitarbeiter oder Vertreter der Mitgliedstaaten Internationaler Organisationen diplomatische Immunität genossen, veränderte sich auch nach dem Ersten Weltkrieg nicht. Nach dem Ersten Weltkrieg wurden mehrere Internationale Organisationen gegründet, so daß sich die Immunitätsgewährung aufgrund völkerrechtlicher Vereinbarungen verbreitete. So wurde beispielsweise in Artikel 19 des Statuts des Ständigen Internationalen Gerichtshofes[219] Richtern im Rahmen ihrer Tätigkeit und außerhalb ihres eigenen Staates diplomatische Immunität gewährt. Der Artikel 7 der Völkerbundsatzung[220] gewährte den Vertretern der Bundesmitglieder und den Beauftragten des Bundes diplomatische Immunität. Damals wurde langsam anerkannt, daß es notwendig sei, den Internationalen Organisationen selbst Immunität zu gewähren, um ihre Unabhängigkeit und Autorität zu sichern.

Aufgrund der Praxis des Völkerbundes und des Ständigen Internationalen Gerichtshofes wurde die Immunität der Vereinten Nationen, ihrer Sonderorganisationen, des Internationalen Gerichtshofes und anderer Internationalen Organisationen nach dem Zweiten Weltkrieg rechtlich festgelegt.[221] In Artikel 105 der Charta der Vereinten Nationen wurde dieser Gedanke wie folgt formuliert: „Die Organisation genießt im Hoheitsgebiet jedes Mitglieds die Vorrechte und Immunität, die zur Verwirklichung ihrer Ziele erforderlich sind.“[222] Um den Immunitätsumfang genau festzulegen wurde am 13. Februar 1946 ein Übereinkommen bezüglich der Vorrechte und Immunitäten der Vereinten Nationen (sog. Überreinkommen über die Vorrechte und Immunitäten der Vereinten Nationen, im folgenden UN-Immunitätsabkommen)[223] abgeschlossen. Außerdem wurde am 21. November 1947 im Abkommen über die Vorrechte und Befreiung der Sonderorganisationen der Vereinten Nationen (im folgenden UN-Sonder-

---

218 J. Kunz, Privileges and Immunities of international Organizations, in: AJIL, Bd. 41, 1947, S. 828; D. Michaels, International Privileges and Immunities, 1971, S. 33.

219 Art. 19 des Statuts des Ständigen Internationalen Gerichtshofes lautet: „Die Mitglieder des Gerichtshofs genießen während der Ausübung ihres Amtes die diplomatischen Vorrechte und Befreiungen.“, in: RGBl. 1927 II, S. 243 ff.

220 RGBl. 1919, S. 717 ff.; Art. 7 Satz 4 lautet: „Die Vertreter der Bundesmitglieder und die Beauftragten des Bundes genießen in der Ausübung ihres Amtes die Vorrechte und die Unverletzlichkeit der Diplomaten.“

221 D. Michaels, International Privileges and Immunities, 1971, S. 46.

222 BGBl. 1973 II, S. 497 ff.

223 BGBl. 1980 II, S. 941 ff.

organisationsabkommen)[224] der Immunitätsumfang für die Sonderorganisationen verabschiedet. Mit diesem Abkommen erfolgte die Anerkennung der Immunität für Internationale Organisationen, soweit diese einer Immunität zur Ausübung ihrer Funktionen bedürfen.

Ausgenommen von diesen Abkommen sind einige internationale Wirtschaftsorganisationen, wie die Weltbank[225], die Internationale Finanz-*Corporation*[226], und die Internationale Entwicklungsorganisation[227]. Diese internationalen Wirtschaftsorganisationen genießen nur eine eingeschränkte Immunität in den Mitgliedsstaaten und dem Sitzstaat, in dem sich der Hauptsitz oder das Regionalbüro befindet, weil solche Wirtschaftsorganisationen ihre Kreditwürdigkeit erhöhen müssen.[228] Wenn internationale Wirtschaftsorganisationen umfassende Immunität genössen, könnten sich ihre Geschäftspartner nicht sicher sein, ob sie sich bei Verschlechterung ihrer wirtschaftlichen Situation in die Immunität flüchten und so versuchen, einer Begleichung ihrer Schulden zu entgehen.

III. Rechtfertigung für die Immunität Internationaler Organisationen

Zunächst ist zu klären, auf welche Rechtsgrundlagen Internationale Organisationen als juristische Personen und die für diese Organisationen tätigen Privatpersonen ihre Immunität stützen.

Aus Sicht der Internationalen Organisationen benötigen sie Immunität, um ihre Aufgaben reibungslos erfüllen zu können. Dieser Gedanke wird meist in der Präambel[229] oder in einzelnen Artikeln der Immunitätsabkommen[230] zum Aus-

---

224 BGBl. 1954 II, S. 639 ff.

225 BGBl. 1971 II, S. 129 ff.

226 BGBl. 1992 II, S. 1228 ff.

227 BGBl. 1960 II, S. 2137 ff.

228 I. Seidl-Hohenveldern, Dienstrechtliche Klagen gegen Internationale Organisationen, in: Festschrift für Hans-Jürgen Schlochauer, 1981, S. 627; M. Wenckstern, Handbuch des Internationalen Zivilverfahrensrechts, Band II/1. Die Immunität internationaler Organisationen, 1994, S. 15.

229 Präambel des EUTELSAT-Protokoll, in: BGBl. 1989 II, S. 253 ff. und des EUMETSAT-Protokoll, in: BGBl. 1989 II, S. 701 ff.

230 Art. 48 des Übereinkommens zur Errichtung des Asiatischen Entwicklungsbank vom 4. Dezember 1965, in: BGBl. 1966 II, S. 617 ff.; Art. 21 I des Protokolls über die Vorrechte und Immunitäten der Europäischen Organisation für Astronomische Forschung in der Südlichen Heimsphäre vom 12. Juli 1974, in: BGBl. 1975 II, S. 393 ff.; Art. IX Abschnitt 1 des Übereinkommens über den Internationalen Währungsfonds, in: BGBl. 1978 II, S. 13 ff.; Art. 2 des UN-Immunitätsabkommen, in: BGBl. 1980 II, S. 941 ff.; Art. 4

druck gebracht, bevor in entsprechenden Regelungen die Immunität eingeräumt wird. Es gibt unterschiedliche Meinungen, warum die Immunität zur reibungslosen Aufgabenerfüllung Internationaler Organisationen beiträgt. In der Literatur werden dafür folgende Gründe genannt:

Erstens soll mit der Immunität verhindert werden, daß die amtlichen Tätigkeiten der Internationalen Organisationen durch verschiedene nationale Gerichte unterschiedlich beurteilt werden.[231] Es könnte passieren, daß die innerstaatliche Rechtsordnung nicht mit den Inhalten der internationalen Verträge übereinstimmt, so daß die nationalen Gerichte eine Tätigkeit der Internationalen Organisationen rügen und unterbinden könnten. Die Internationalen Organisationen bedürfen aber einer einheitlichen Regelung ihrer Rechte und Pflichten im Außenverhältnis, auch im Verhältnis gegenüber Privatpersonen.[232]

Zweitens sind nationale Gerichte häufig nicht das beste Forum für Klagen, an denen Internationale Organisationen als Parteien beteiligt sind,[233] da nationalen Gerichten in der Regel die Fachkenntnisse fehlen, um die spezifischen Probleme von Klagen durch oder gegen Internationale Organisationen zu beurteilen.

Drittens könnten nationale Gerichte ihre Rechtsanschauungen in Internationale Organisationen hineintragen und so deren Verhalten beeinflussen, wenn die Internationalen Organisationen der Gerichtsbarkeit ihrer Mitgliedstaaten unterworfen wären. Das verträgt sich nicht mit der Notwendigkeit der Internationalen Organisationen, ihre Unabhängigkeit gegenüber den Individualinteressen einzelner Mitgliedstaaten zu erhalten.[234]

---

des UN-Sonderorganisationsabkommens, in: BGBl. 1954 II, S. 639 ff.; Art. 3 des Europarat-Abkommens, in: BGBl. 1954 II, S. 493 ff.

231 C. Jenks, International Immunities, 1961, S. 40; P. Sands/P. Klein (Hrsg.), Bowett's Law of International Institutions, 5. Aufl., 2001, S. 491.

232 M. Wenckstern, Handbuch des Internationalen Zivilverfahrensrechts, Band II/1. Die Immunität internationaler Organisationen, 1994, S. 17.

233 G. Marston, United Kingdom Materials on International Law, in: BYIL, Bd. 52, 1981, S. 391.

234 C. Jenks, International Immunities, 1961, S. 18; G. Marston, United Kingdom Materials on International Law, in: BYIL, Bd. 52, 1981, S. 391; I. Seidl-Hohenveldern, Dienstrechtliche Klagen gegen Internationale Organisationen, in: Festschrift für Hans-Jürgen Schlochauer, 1981, S. 625.

Viertens wird befürchtet, daß nationale Gerichte parteilich oder böswillig sein könnten[235] bzw. daß sie in Krisenzeiten der politischen Einflußnahme, insbesondere durch den Staat, in dem die Organisation ihren Sitz hat, ausgesetzt sein könnten[236].

Fünftens sei die Autorität Internationaler Organisationen im Vergleich zur Autorität von Staaten gering[237], so daß die Internationalen Organisationen vom guten Willen der Mitgliedstaaten und des Staates ihres Sitzes abhängig werden könnten. Unter den souveränen Staaten besteht Reziprozität in bezug auf die Immunität, allerdings ist die Immunität Internationaler Organisationen nur einseitig.[238] Daher wird die Immunität als zusätzlicher Schutz benötigt.

Sechstens dient die Immunität dem Schutz vor Querulanten, Exzentrikern und Fanatikern, die versuchen, die Internationalen Organisationen zu beeinflussen.[239]

Nach einer weiteren Begründung wird die Immunität Internationaler Organisationen aus der Staatenimmunität abgeleitet. Die Tätigkeit Internationaler Organisationen sei als kollektives Handeln der Mitgliedstaaten zu verstehen,[240] da sie als ein Akteur die gemeinsamen Interessen ihrer Mitglieder vertrete. Daraus folge, daß die Internationalen Organisationen wie die Staaten Immunität genießen müßten. Die Immunität Internationaler Organisationen wird also aus der Immunität der Mitgliedstaaten abgeleitet,[241] man spricht von der sog. Mosaiktheorie.[242] Das Problem hierbei ist, daß Internationale Organisationen eine

---

235 C. Jenks, International Immunities, 1961, S. 40f; H. G. Schermers/N. Blokker, International Institutional Law, 3. Aufl., 1995, S. 1008.

236 Zitiert von M. Wenckstern, Handbuch des Internationalen Zivilverfahrensrechts, Band II/1. Die Immunität internationaler Organisationen, 1994, S. 18.

237 C. Jenks, International Immunities, 1961, S. 41.

238 C. Jenks, International Immunities, 1961, S. 40 ff.

239 C. Jenks, International Immunities, 1961, S. 40 ff.; G. Marston, United Kingdom Materials on International Law, in: BYIL, Bd. 52, 1981, S. 391; H. G. Schermers/N. Blokker, International Institutional Law, 3. Aufl., 1995, S. 1008.

240 B. Faßbender, Die Völkerrechtssubjektivität internationaler Organsiationen, in: Österreichische Zeitschrift für öffentliches Recht und Völkerrecht, Bd. 37, 1986, S. 20.

241 The American Law Institute (Hrsg.), Restatement of the Law Third: Foreign Relations Law of the United States, Bd. 1, 1987, S. 494.

242 I. Seidl-Hohenveldern, Dienstrechtliche Klage gegen Internationale Organisationen, in: Festschrift für Hans-Jürgen Schlochauer, 1981, S. 618.

eigene Völkerrechtssubjektivität besitzen.[243] Wenn Internationale Organisationen Immunität wie Staaten genießen würden, müßten sie auch in Nicht-Mitgliedstaaten Immunität genießen, was aber nicht immer der Fall ist, wie später in dieser Arbeit gezeigt wird.

Ferner spricht für die Immunität Internationaler Organisationen ein Vergleich mit der Sonderstellung entsprechender innerstaatlicher Organe. Die Immunität der Abgeordneten von internationalen Parlamenten ist vergleichbar der Immunität von Abgeordneten eines innerstaatlichen Parlaments. Die zuerst genannte Form der Immunität ist nur die supranationale Form der letzteren. Das gilt auch für die Richter internationaler Gerichte.[244]

Ein weiterer Grund für die Immunität Internationaler Organisationen beruht auf dem Prestige und der Würde Internationaler Organisationen. Bei der Gründung einer neuen Internationalen Organisation ist diese meist bemüht, keinen schlechteren Status als eine andere vergleichbare Internationale Organisation zu bekommen. Fraglich bleibt, ob diese Bemühungen nur wegen des Prestiges im Vergleich zu anderen Internationalen Organisationen angestellt werden. Wenn man bedenkt, daß Internationale Organisationen zur Erreichung eines gemeinsamen Zwecks ihrer Mitgliedstaaten begründet werden, kann das Ziel der Bemühungen um eine Gleichstellung mit ähnlichen Internationalen Organisationen nur die ungestörte Erfüllung der Aufgabe sein. Daher scheint die Begründung, Immunität allein aufgrund von Prestige und Würde zu gewähren, nicht sinnvoll. Demgegenüber ist jedoch die Immunität für das Personal von Internationalen Organisationen nicht zwangsläufig sinnlos. Die höchsten Funktionäre Internationaler Organisationen bzw. Richter an Internationalen Gerichten sowie Vertreter von Staaten bei Internationalen Organisationen genießen meistens diplomatische Immunität. Es ist zu verstehen, daß die diplomatische Immunität für diese Personen gewährt wird, weil sie auch im politischen Bereich oft aktiv

---

243 I. Seidl-Hohenveldern, Dienstrechtliche Klage gegen Internationale Organisationen, in: Festschrift für Hans-Jürgen Schlochauer, 1981, S. 618; I. Seidl-Hohenveldern/G. Loibl, Das Recht der Internationalen Organisationen einschließlich der Supranationalen Gemeinschaften, 7. Aufl., 2000, S. 47.

244 C. Jenks, International Immunities, 1961, S. 92 ff. Nach meiner Meinung geeignet dies nicht für die Immunität Internationaler Organisationen selbst. Es gibt viele Unterschiede zwischen Staaten und Internationalen Organisationen, beispielsweise die Rechtspersönlichkeit. Demzufolge kann die Immunität Internationaler Organisationen nicht parallel zu der Staatenimmunität behandelt werden. Vgl. Yearbook of the International Law Commission, 1989, Bd. II/1, S. 157.

sind, und oft auch mit den Staatsoberhäuptern oder Ministern von einzelnen Staaten verhandeln müssen. Daher brauchen solche internationalen Funktionäre die gleiche Immunität, zumindest eine solche, wie sie Diplomaten genießen. Schließlich kann es zumindest dazu führen, daß die obersten Funktionäre, Richter internationaler Gerichte und Staatenvertreter einiger Internationaler Organisationen aus Prestige und Würde ihre Immunität genießen.[245]

Schließlich wird als Grund für die Immunität der völkerrechtliche Grundsatz von Treu und Glauben genannt.[246] Dieser Grundsatz besagt, daß die Mitgliedstaaten mit ihrem Beitritt zur Internationalen Organisation zugestimmt haben, die für die Erfüllung der Aufgaben notwendige Unabhängigkeit der Internationalen Organisation zu sichern. Mit der Zustimmung erkennen die Mitgliedstaaten ihre Verpflichtung, im Interesse der Gemeinschaft zu arbeiten, an. Wenn ein Staat einer Internationalen Organisation, in der er Mitglied ist, die Immunität verweigern würde, verstieße er gegen den Grundsatz von Treu und Glauben, da er seine zugesicherte Pflicht verletzen würde.

IV. Anwendungsbereich der Immunität Internationaler Organisationen

1. Subjekte der Immunität Internationaler Organisationen (ratione personae)

So wie bei der Staatenimmunität muß der Personenkreis, welcher in Verbindung mit Internationalen Organisationen Immunität genießt, geklärt werden.

Die Immunität Internationaler Organisationen wird auf ihre Bediensteten übertragen, die nicht nur an ihrem Dienstort, sondern auch in ihrem Heimatstaat Immunität genießen.[247] Aber die Immunität wird nicht dem gesamten Personal einer Internationalen Organisation in gleicher Weise gewährt.[248] So genießen zum Beispiel die führenden Personen einer Internationalen Organisation wie der

---

245 M. Wenckstern, Handbuch des Internationalen Zivilverfahrensrechts, Band II/1. Die Immunität internationaler Organisationen, 1994, S. 21.

246 M. Wenckstern, Handbuch des Internationalen Zivilverfahrensrechts, Band II/1. Die Immunität internationaler Organisationen, 1994, S. 22.

247 V. Epping, in: K. Ipsen, Völkerrecht, 4. Aufl., 1999, S. 399; H. G. Schermers/N. Blokker, International Institutional Law,3. Aufl., 1995, S. 358.

248 P. Sands/P. Klein, Bowett's Law of International Institutions, 5. Aufl., 2001, S. 501 ff.; H. G. Schermers/N. Blokker, International Institutional Law,3. Aufl., 1995, S. 237 ff.; I. Seidl-Hohenveldern/G. Loibl, Das Recht der Internationalen Organisationen einschließlich der Supranationalen Gemeinschaften, 7. Aufl., 2000, S. 278.

Generalsekretär der Vereinten Nationen oder Richter von Internationalen Gerichten wie dem Internationalen Gerichtshof (IGH) und dem Gerichtshof der Europäischen Gemeinschaften (EuGH) diplomatische Immunität.[249] Diplomatische Immunität wird wie folgt definiert: Die Immunität wird nicht nur für Amtshandlungen, sondern auch für private Aktivitäten gewährt. Demgegenüber wird Beamten auf der unteren Ebene in der Regel nur begrenzte Immunität gewährt. Das Personal, das lokal von Internationalen Organisationen eingestellt wird, oder das auf Grund von Arbeitnehmerüberlassungsverträgen als Leiharbeitnehmer in einer Internationalen Organisation beschäftigt ist, gehört nicht zu deren Bediensteten und genießt daher keine Immunität.[250]

Als Subjekte der Immunität Internationaler Organisationen werden auch die Personen genannt, die nicht ständig für Internationale Organisationen arbeiten, sondern nur eine bestimmte Zeit für sie tätig sind. Als Beispiel sind die Mitglieder der Völkerrechtskommission der Vereinten Nationen zu nennen.[251]

Die Vertreter der Mitgliedstaaten in den Organen einer Internationalen Organisation und Vertreter der Internationalen Organisation genießen daher auch Immunität.[252] Die Vertreter von Nichtmitgliedstaaten[253] und von Beobachtern der mit Konsultativstatus ausgestatteten nichtstaatlichen (Internationalen) Organisationen[254] genießen im Sitzstaat Internationaler Organisationen ebenfalls Privilegien und Immunitäten.

---

249 Art. 5 Abschnitt 19 des UN-Immunitätsabkommens, in: BGBl. 1980 II, S. 941 ff.; Art. 1 und 21 des UN-Sonderorganisationsabkommens, in: BGBl. 1954 II, S. 639 ff.; Art. 3 I der Protokolle über die Satzung des EuGH, in: BGBl. 1957 II, S. 1194 ff.; Art. 8 Abs. 4 der FAO-Satzung, in: BGBl. 1971 II, S. 1033 ff.

250 Yearbook of the International Law Commission, 1985, Band II/1, S. 171; als Beispiel der Rechtsprechung in: J. Kunz, Privileges and Immunities of international Organizations, in: AJIL, Bd. 41, 1947, S. 690. Dort hat der *City Court of New York* im Fall *Westchester Country v. Ranollo* vom 8. November 1946 keine Immunität an den Chauffeur der Vereinten Nationen auch bei einer Dienstfahrt gewährt.

251 I. Seidl-Hohenveldern/G. Loibl, Das Recht der Internationalen Organisationen einschließlich der Supranationalen Gemeinschaften, 7. Aufl., 2000, S. 282; Art. 6 Abschnitt 21 des UN-Immunitätsabkommens, in: BGBl. 1980 II, S. 941 ff.

252 I. Seidl-Hohenveldern/G. Loibl, Das Recht der Internationalen Organisationen einschließlich der Supranationalen Gemeinschaften, 7. Aufl., 2000, S. 291; M. Wenckstern, Handbuch des Internationalen Zivilverfahrensrechts, Band II/1. Die Immunität internationaler Organisationen, 1994, S. 245.

253 Art. 4 Abschnitt 12 des UN-Immunitätsabkommens, in: BGBl. 1980 II, S. 941 ff.

254 Vgl. Art. 4 (3) der Satzung der Organisation der Vereinten Nationen für Erziehung, Wissenschaft und Kultur (*UNESCO*), in: BGBl. 1971 II, S. 471 ff.

2. *Objekte der Immunität Internationaler Organisationen (ratione materiae)*

Neben dem Personenkreis, welchem im Zusammenhang mit der Immunität Internationaler Organisationen Immunität gewährt wird, soll die Reichweite der Tätigkeiten Internationaler Organisationen, für die Internationale Organisationen Immunität genießen, geklärt werden. Nachdem die Staatenimmunität in bezug auf die Reichweite der Immunität nur für *acta jure imperii* anerkannt wurde, begann eine Diskussion, ob die Tätigkeiten Internationaler Organisationen auch in *acta jure imperii* und in *acta jure gestionis* aufgeteilt werden könnten und wenn ja, ob die Immunität Internationaler Organisationen auch für *acta jure gestionis* gewährt werden soll.[255] Insbesondere ist streitig, ob Internationale Organisationen, welche wie die Weltbank oder viele internationale Rohstofforganisationen für wirtschaftliche Zwecke tätig sind, Immunität für ihre wirtschaftlichen Tätigkeiten genießen. Ferner sind auch Internationale Organisationen, welche keinen wirtschaftlichen Zweck verfolgen, im wirtschaftlichen Bereich tätig. Stellen beispielsweise Internationale Organisationen Privatpersonen als Leiharbeiter ein, dann könnte es ein Problem mit dem Leiharbeitnehmer oder mit seinem Verleiher geben. Internationale Organisationen beschaffen zum Beispiel auch Büromaterial aufgrund eines Kaufvertrags mit Privatpersonen, so daß ebenfalls wirtschaftliches Handeln gegeben ist.

Bei der Überlegung in bezug auf die Immunität Internationaler Organisationen ist die Besonderheit Internationaler Organisationen in Betracht zu ziehen. Diese besteht erstens darin, daß die Internationalen Organisationen kein eigenes Territorium besitzen. Dies bedeutet, daß die Internationalen Organisationen gezwungen werden, alle Tätigkeiten inklusive *acta jure gestionis* außerhalb ihres eigenen Hoheitsgebiets ausüben. Zweitens wird die Unabhängigkeit Internationaler Organisationen sehr stark gefährdet, wenn sie wegen ihrer Tätigkeit vor einem nationalen Gericht verklagt werden.[256] Drittens dürfen die Internationalen Organisationen nur so weit tätig sein, wie es die Satzung erlaubt. Hier wird fraglich, ob alle Tätigkeiten Internationaler Organisationen hoheitliche Tätigkeiten, sog. *acta jure imperii*, sind.

---

255 K. Cully, Jurisdictional Immunities of Intergovernmental Organizations, in: The Yale Law Journal, Bd. 91, 1982, S. 1167 ff ; R. J. Opail, Immunity of International Organizations in United States Courts: Absolute or Restrictive, in: Vanderbilt Journal of Transnational Law, Bd. 24, 1991, S. 689 ff.

256 M. Wenckstern, Handbuch des Internationalen Zivilverfahrensrechts, Band II/1. Die Immunität internationaler Organisationen, 1994, S. 66.

Auf jeden Fall tendiert die überwiegende Mehrheit der Lehrmeinungen dahin, daß die Internationalen Organisationen auch für ihre *acta jure gestionis* Immunität genießen müßten.[257]

§ 2 Rechtsgrundlage der Immunität Internationaler Organisationen

I. Vertragspraxis

Bei der Bestimmung der Immunität Internationaler Organisationen, wird zwischen drei Formen unterschieden. Bei den meisten Internationalen Organisationen wird in ihren Gründungsabkommen festgeschrieben, daß sie generell Immunität genießen (1). Es gibt auch Internationale Organisationen, die — zusätzlich — einen speziellen Vertrag in bezug auf ihre Immunität mit ihren Mitgliedstaaten abschließen (2). Viele Internationale Organisationen schließen außerdem ein Sitzabkommen mit ihrem Sitzstaat (3), damit der Inhalt und Umfang ihrer Immunität im Sitzstaat konkretisiert wird.

1. Immunitätsklauseln in Gründungsabkommen

Mehrere Internationale Organisationen stellen in ihren Gründungsabkommen fest, daß sie im Hoheitsgebiet ihrer Mitgliedstaaten Immunität genießen. Die Bestimmung in den Gründungsabkommen erfaßt die Immunität oft generell. Der Artikel 105 Absatz 1 der Charta der Vereinten Nationen lautet zum Beispiel: Die Organisation genießt im Hoheitsgebiet jedes Mitglieds die Vorrechte und Immunitäten, die zur Verwirklichung ihrer Ziele erforderlich sind.[258] Um den Umfang und Inhalt der Immunität der Vereinten Nationen und Personen, die für die Vereinten Nationen tätig sind, zu konkretisieren, wurde ein spezielles Abkommen, das sog. Übereinkommen über die Vorrechte und Immunitäten der

---

257 E. Klein, in: W. G. Vitzthum (Hrsg.), Völkerrecht, 2. Aufl., 2001, S. 311; T. Rensmann, Internationale Organisationen im Privatrechtsverkehr, in: Archiv des Völkerrechts, Bd. 36, 1998, S. 315; I. Seidl-Hohenveldern/G. Loibl, Das Recht der Internationalen Organisationen einschließlich der Supranationalen Gemeinschaften, 7. Aufl., 2000, S. 282; M. Singer, Jurisdictional Immunity of International Organizations: Human Rights and Functional Necessity, in: Virginia Journal of International Law, Bd. 36, 1995, S. 56; M. Wenckstern, Handbuch des Internationalen Zivilverfahrensrechts, Band II/1. Die Immunität internationaler Organisationen, 1994, S. 67.

258 BGBl. 1973 II, S. 430 ff.

Vereinten Nationen abgeschlossen.[259] Andere Beispiele hinsichtlich der generellen Bestimmung der Immunität Internationaler Organisationen sind Artikel XV A der Satzung der Internationalen Atomenergie-Organisation (im folgenden IAEO-Satzung),[260] Artikel 40 Absatz a) der Satzung des Europarates,[261] Artikel XVIII Absatz c) des Übereinkommens zur Gründung der Europäischen Fernmeldesatellitenorganisation „EUTELSAT“[262] (im folgenden EUTELSAT-Übereinkommen), und Artikel 12 des Übereinkommens zur Gründung einer europäischen Organisation für die Nutzung von meteorologischen Satelliten („EUMETSAT“)[263] (im folgenden EUMETSAT-Übereinkommen).

Sonderorganisationen der Vereinten Nationen erhalten Immunität auch in ihren Gründungsabkommen oder Satzungen.[264] Es existiert auch eine Sonderorganisation der Vereinten Nationen, die in bezug auf ihre Immunität Artikel 104 und 105 der Charta der Vereinten Nationen in ihre Satzung übernommen hat.[265]

Eine Gemeinsamkeit aller Immunitätsbestimmungen in Gründungsabkommen oder Satzungen ist, daß jede Internationale Organisation ihre Immunität nur genießt, soweit sie zur Verwirklichung ihrer Ziele und Aufgaben erforderlich ist.

2. *Spezielle multilaterale Immunitätsabkommen*

Viele Gründungsverträge Internationaler Organisationen empfehlen, spezielle Vereinbarungen in bezug auf die Immunität hinsichtlich der entsprechenden Organisationen abzuschließen wie Artikel XV C der IAEO-Satzung,[266] Artikel 40 (3) der Verfassung der Internationalen Arbeitsorganisation,[267] Artikel 12 des EUMETSAT-Übereinkommens,[268] Artikel XVII c) des EUTELSAT-Überein-

259 BGBl. 1980 II, S. 941 ff.
260 BGBl. 1958 II, S. 4 ff.
261 BGBl. 1950 II, S. 263 ff.
262 BGBl. 1984 II, S. 683 ff.
263 BGBl. 1987 II, S. 256 ff.
264 Art. 40 der Verfassung der Internationalen Arbeitsorganisation (im folgenden IAO-Verfassung), in: BGBl. 1957 II, S. 317 ff.; Art. 27 des Übereinkommens über die Weltorganisation für Meteorologie (im folgenden WMO-Übereinkommen), in: BGBl. 1990 II, S. 171 ff.
265 Art. XII der Satzung der Organisation der Vereinten Nationen für Erziehung, Wissenschaft und Kultur (*UNESCO*), in: BGBl. 1971 II, S. 471 ff.
266 BGBl. 1958 II, S. 4 ff.
267 BGBl. 1957 II, S. 317 ff.
268 BGBl. 1987 II, S. 256 ff.

kommens[269]. Tatsächlich schließen viele Internationale Organisationen spezielle Verträge mit ihren Mitgliedstaaten bezüglich ihrer Immunität. Beispielsweise haben die Vereinten Nationen das UN-Immunitätsabkommen mit ihren Mitgliedstaaten abgeschlossen.[270] Damit können die Vereinten Nationen in jedem Mitgliedstaat gleichartige Immunität genießen, da deren Inhalt und Umfang konkretisiert ist.

Für die Sonderorganisationen der Vereinten Nationen existiert das Abkommen über die Vorrechte und Befreiungen der Sonderorganisationen[271] (im folgenden UN-Sonderorganisationsabkommen). Dieses Abkommen ist sehr bedeutungsvoll, weil es für alle Sonderorganisationen der Vereinten Nationen gilt, so daß sie alle die gleiche Immunität in ihren Mitgliedstaaten genießen.

Als weiteres Beispiel neben den Vereinten Nationen und deren Sonderorganisationen sei die IAEO genannt. Aufgrund des Artikel XV C der IAEO-Satzung schloß sie eine spezielle Vereinbarung ihre Immunität betreffend ab, die sog. Vereinbarung über die Vorrechte und Befreiungen der Internationalen Atomenergie-Organisation[272] (im folgenden IAEO-Vereinbarung).

Regionale Internationale Organisationen genießen ebenfalls häufig Immunität aufgrund von Sonderabkommen, wie zum Beispiel der Europarat.[273] Als regionale (Internationale) Organisation mit einem speziellen Aufgabenbereich ist EUTELSAT zu erwähnen, das Sonderabkommen hinsichtlich der Immunität mit den teilnehmenden Staaten aufgrund des Artikel XVII c) des Gründungsübereinkommens abschloß.[274]

In solchen Abkommen über die Immunität wird der Inhalt und Umfang der Immunität genauer geregelt. Oft wird zunächst geklärt, daß die genannte Internationale Organisation eigene Rechtspersönlichkeit besitzt.[275] Dann folgen die

---

269 BGBl. 1984 II. S. 683 ff.

270 BGBl. 1980 II, S. 943 ff.

271 BGBl. 1954 II, S. 640 ff.

272 BGBl. 1960 II, S. 1993 ff.

273 Europarat-Abkommen, in: BGBl. 1954 II, S. 493 ff.

274 BGBl. 1989 II, S.253 ff. Als ein weiteres Beispiel Protokoll über Vorrechte und Immunitäten der Europäischen Organisation für die Nutzung von meteorologischen Satelliten (EUMETSAT), in: BGBl. 1989 II, S. 701 ff. (im folgenden EUMETSAT-Protokoll).

275 Art. 1 Abschnitt 1 des UN-Immunitätsabkommens, in: BGBl. 1980 II, S. 941 ff.; Art. 2 des UN-Sonderorganisationsabkommens, in: BGBl. 1954 II, S. 639 ff.; Art. 1 des Europarat-Abkommens, in: BGBl. 1954 II, S. 493 ff.

Vorschriften über den Immunitätsinhalt. Nach Durchsicht einzelner Sonderabkommen in bezug auf die Immunität Internationaler Organisationen ist deutlich, daß in den meisten Fällen folgende Immunitäten gewährt werden: Die Immunität von der Gerichtsbarkeit und die Unantastbarkeit ihrer Vermögen und Guthaben[276], die Unverletzbarkeit der Räumlichkeiten und Archive[277], die Befreiung von direkten Steuern und von allen Zöllen[278]. Als Erleichterung im Nachrichtenverkehr wird festgelegt, daß die Organisationen genauso behandelt werden wie die Mitglieder von Regierungen und diplomatischen Missionen.[279] Schließlich sind Internationale Organisationen bezüglich ihrer amtlichen Korrespondenz und ihres Nachrichtenverkehrs von Zensur befreit.[280]

Nach der Regelung der Immunitätsinhalte für die Internationale Organisation folgen in den Sonderabkommen grundsätzlich Bestimmungen über die Immunität der Vertreter der Mitgliedstaaten Internationaler Organisationen, der Bediensteten und des sonstigen Personals Internationaler Organisationen.

3. *Sitzabkommen*

Internationale Organisationen schließen oft ein Sonderabkommen mit ihrem Sitzstaat, in dem ihre Zentrale oder eines ihrer Regionalbüros liegt. Solche Sitzabkommen enthalten in der Regel ebenfalls Immunitätsregeln. Sie sind besonders wichtig für die Unabhängigkeit der Internationalen Organisationen. Damit soll verhindert werden, daß sie in ihrem Handeln von einem Mitgliedstaat beeinflußt werden.

---

276 Art. 2 Abschnitt 2 des UN-Immunitätsabkommens, in: BGBl. 1980 II, S. 941 ff.; Art. 2 (4) des UN-Sonderorganisationsabkommens, in: BGBl. 1954 II, S. 639 ff.; Art. 3 des Europarat-Abkommens, in: BGBl. 1954 II, S. 493 ff.

277 Art. 2 Abschnitt 3 und 4 des UN-Immunitätsabkommens, in: BGBl. 1980 II, S. 941 ff.; Art. 3 (5) und (6) des UN-Sonderorganisationsabkommens, in: BGBl. 1954 II, S. 639 ff.; Art. 4 und 5 des Europarat-Abkommens, in: BGBl. 1954 II, S. 493 ff.

278 Art. 2 Abschnitt 7 des UN-Immunitätsabkommens, in: BGBl. 1980 II, S. 941 ff.; Art. 3 (9) des UN-Sonderorganisationsabkommens, in: BGBl. 1954 II, S. 639 ff.; Art. 7 des Europarat-Abkommens, in: BGBl. 1954 II, S. 493 ff.

279 Art. 3 Abschnitt 9 des UN-Immunitätsabkommens, in: BGBl. 1980 II, S. 941 ff.; Art. 3 (11) des UN-Sonderorganisationsabkommens, in: BGBl. 1954 II, S. 639 ff.; Art. 8 Satz 1 des Europarat-Abkommens, in: BGBl. 1954 II, S. 493 ff.

280 Art. 3 Abschnitt 9 des UN-Immunitätsabkommens, in: BGBl. 1980 II, S. 941 ff.; Art. 3 (12) des UN-Sonderorganisationsabkommens, in: BGBl. 1954 II, S. 639 ff.; Art. 8 Satz 2 des Europarat-Abkommens, in: BGBl. 1954 II, S. 493 ff.

In Sitzabkommen werden auch solche Probleme genauer behandelt, die im Zusammenhang mit der Territorialhoheit des Staates stehen. Zum Beispiel wird in jedem Sitzabkommen die Unverletzbarkeit der Räumlichkeiten Internationaler Organisationen festgelegt.[281] Das ist wichtig, weil Internationale Organisationen kein eigenes Territorium haben, also auf einen Sitzstaat angewiesen sind. Beschränkungen der Hoheitsgewalt des Sitzstaats sind erforderlich, damit die Organisation ungehindert wirken kann. Eine Beschlagnahme der Gebäude beispielsweise würde das Ende der Arbeitsmöglichkeiten zur Folge haben.

Um einen finanziellen Vorteil für den Sitzstaat auszuschließen, wird die Befreiung von direkten Steuern und Zöllen im Sitzabkommen geregelt.[282] Würde ein Sitzstaat, der ebenfalls Mitglied der betreffenden Internationalen Organisation ist, Steuern von dieser erheben, stellte dies einen finanziellen Vorteil für den Sitzstaat im Vergleich zu den anderen Mitgliedstaaten dar.

Für die Internationalen Organisationen ist es ebenfalls wichtig, daß ihr Personal ohne Hindernisse im Sitzstaat seine Aufgaben erfüllen kann. Deshalb enthält ein Sitzabkommen Sonderregeln für das Personal Internationaler Organisationen. Beispielsweise besteht für das Personal Internationaler Organisationen keine Meldepflicht als Ausländer,[283] sie brauchen in der Regel keine Arbeitserlaubnis.[284]

Für die Unparteilichkeit und die Unabhängigkeit Internationaler Organisationen ist ferner wichtig, daß die Beamten Internationaler Organisationen von ihrem Heimatstaat nicht beeinflußt werden. Deshalb enthalten Sitzabkommen auch Bestimmungen in bezug auf das Personal Internationaler Organisationen, das die Staatsangehörigkeit des Sitzstaates besitzt. Beamte Internationaler Organisationen genießen in ihrem Heimatstaat Immunität, soweit die Immunität für

---

281 Als Beispiel Art. 3 des Sitzstaatabkommens zwischen der Regierung der Bundesrepublik Deutschland und der Europäischen Organisation für die Nutzung von meteorologischen Satelliten (im folgenden EUMETSAT-Sitzstaatabkommen), in: BGBl. 1991 II, S. 295 ff.; Art. 3 (9) (a) vom *Agreement between the United Nations and the United States of America regarding the Headquarters of the United Nations*, in: United Nations Treaty Series, 1947, Bd. 11, S. 11 ff.

282 Art. 6 des EUMETSAT-Sitzstaatabkommens, in: BGBl. 1991 II, S. 295 ff.; Zwischen den Vereinten Nationen und Vereinigten Staaten von Amerika gibt es auch ein Sitzabkommen, aber dort wird nicht die Freistellung von Steuern geregelt.

283 Art. 9 b) des EUMETSAT-Sitzstaatabkommens, in: BGBl. 1991 II, S. 295 ff.

284 Art. 9 a) des EUMETSAT-Sitzstaatabkommens, in: BGBl. 1991 II, S. 295 ff.

ihre ungehinderte Aufgabenerfüllung erforderlich ist.[285] Dieser Grundsatz gilt ferner für Experten, die für eine bestimmte Aufgabe der entsprechenden Internationalen Organisationen zuständig sind, für Vertreter der Mitgliedstaaten sowie für Beobachter von Nichtmitgliedstaaten.

Allerdings ist Immunität für untergeordnete Angestellte, wie die örtlich rekrutierten Arbeitnehmer, Putzfrauen oder Chauffeure nicht anerkannt. Diese Angestellten werden nicht direkt nach den organisationseigenen Arbeitsbedingungen eingestellt, sondern nach dem lokalen Arbeitsgesetz. Außerdem stehen ihre Tätigkeiten in keinem engen Zusammenhang mit den Zielen und Aufgaben Internationaler Organisationen. Demzufolge ist ihre Beziehung zu den Internationalen Organisationen nicht so eng wie die Beziehung zwischen den Beamten und ihren Organisationen.

Staatsangehörige des Sitzstaats genießen also Immunität in bezug auf ihre amtlichen Tätigkeiten für die Internationale Organisation, ihnen wird ferner Befreiung von Steuern hinsichtlich der ihnen von der Internationalen Organisation gezahlten Gehälter gewährt. Im übrigen unterstehen die Staatsangehörigen der Territorial- und Personalhoheit ihres Heimatstaats.

II. Völkergewohnheitsrecht

Das Völkergewohnheitsrecht ist laut Artikel 38 Abs. 1 lit. b des IGH-Statuts[286] eine allgemeine, als Recht anerkannte Übung. Somit werden zwei Elemente benötigt, um die Entstehung des Völkergewohnheitsrechts festzustellen.

Ein objektives Element ist die Summe der Verhaltensregeln, die bisher von Völkerrechtssubjekten in ihrem Verkehr untereinander angewendet worden sind (Praxiselement). Ein subjektives Element ist die Rechtsüberzeugung der Völkerrechtssubjekte in bezug auf diese Verhaltensregeln (Rechtsüberzeugungselement).[287] Für die Analyse der Entstehung des Völkergewohnheitsrechts in bezug auf die Immunität Internationaler Organisationen müssen also ebenfalls beide Elemente berücksichtigt werden.

---

285 I. Seidl-Hohenveldern/G. Loibl, Das Recht der Internationalen Organisationen einschließlich der Supranationalen Gemeinschaften, 7. Aufl., 2000, S. 281.

286 BGBl. 1973 II, S. 505 ff.

287 W. Heintschel von Heinegg, in: K. Ipsen, Völkerrecht, 4. Aufl., 1999, S. 183; W. G. Vitzthum, in: W. G. Vitzthum (Hrsg.), Völkerrecht, 2. Aufl., 2001, S. 72.

1. Entstehung des Praxiselements

Damit eine Praxis der Völkerrechtssubjekte als Übung im Sinne des objektiven Elements zur Bestimmung von Völkergewohnheitsrecht anerkannt werden kann, muß sie drei Voraussetzungen erfüllen: Die erste Voraussetzung ist, daß die Praxis auf Dauer existiert. Die zweite ist, daß die entsprechende Praxis einheitlich ist. Die dritte und letzte Voraussetzung ist, daß die Praxis sich unter den Völkerrechtssubjekten zugetragen hat.[288]

a) Dauer der Praxis

Es gibt keine festen Regeln darüber, wie lange eine völkerrechtliche Praxis für die Entstehung von Völkergewohnheitsrecht existieren muß. Das kann von Fall zu Fall anders sein.[289] Wenn eine entsprechende Übung von Völkerrechtssubjekten noch nicht lange besteht, verhindert dies nicht automatisch die Entstehung von Völkergewohnheitsrecht. Entscheidend ist vielmehr, wie viele Völkerrechtssubjekte in einem bestimmten Zeitraum eine einheitliche Übung gezeigt haben.[290]

b) Einheitlichkeit der Praxis

Eine einheitliche Praxis besteht, wenn mehrere Völkerrechtssubjekte die fragliche völkerrechtliche Verhaltensweise in einem bestimmten Bereich, beispielsweise der Ausbildung und Anerkennung eines Festlandsockels nach dem Zweiten Weltkrieg, gleichartig akzeptieren.[291] Ob eine bestimmte Praxis als konsistente, einheitliche Übung der Völkerrechtssubjekte wiederholt wird, wird letztlich vom Internationalen Gerichtshof für den jeweiligen Fall entschieden.[292] Wenn die fragliche Verhaltensweise unbestimmt oder inkonsequent oder nicht kontinuierlich ist oder wenn die entsprechende Verhaltensweise politischem Einfluß von in einer bestimmten Weise an der jeweilige Frage interessierten

---

288 W. Heintschel von Heinegg, in: K. Ipsen, Völkerrecht, 4. Aufl., 1999, S. 185.

289 W. Heintschel von Heinegg, in: K. Ipsen, Völkerrecht, 4. Aufl., 1999, S. 185.

290 Vgl. ICJ Report 1969, S. 43. In der Entscheidung erwähnt das Internationale Gerichtshof über die Entstehung eines Völkergewohnheitsrechts: „an indispensable requirement would be that within the period in question, short though it might be, State practice, including that of State whose interests are specially affected, should have been both extensive and virtually uniform ..."

291 W. Heintschel von Heinegg, in: K. Ipsen, Völkerrecht, 4. Aufl., 1999, S. 185.

292 ICJ Report 1986, S. 98.

Staaten unterliegt, wird das Bestehen der einheitlichen Übung hinsichtlich der Verhaltensweisen verneint.[293]

c) Verbreitung der Praxis

Um ein Verhalten von Völkerrechtssubjekten als allgemeine völkerrechtliche Praxis anzuerkennen, müssen die fraglichen Verhaltensweisen nicht nur von den beteiligten, sondern auch von den anderen Völkerrechtssubjekten allgemein angenommen werden.[294] Die Völkerrechtssubjekte, die die fragliche Praxis durchführen, müssen aus verschiedenen Regionen und verschiedenen politischen Systemen stammen, so daß man die entsprechende Verhaltensweise als allgemeine Übung anerkennen kann.[295]

d) Beleg für das Entstehen des Praxiselements

Als materielle Belege für das Entstehen des Praxiselements sind beispielsweise die Staatenpraxis (innerstaatliche Rechtsprechung, diplomatische Archive, innerstaatliche gesetzliche Regelungen zu völkerrechtlichen Themen), völkerrechtliche Verträge oder Beschlüsse einer Internationalen Organisation zu nennen.

2. Entstehung des Rechtsüberzeugungselements

Rechtsüberzeugung bedeutet, daß die Völkerrechtssubjekte die entsprechende Verhaltensweise als völkerrechtliches Recht bzw. völkerrechtliche Pflicht anerkennen.[296] Erstens muß die bereits mehrmals wiederholte Verhaltensweise nicht als *courtoisie*, sondern als völkerrechtliche Pflicht von Völkerrechtssubjekten respektiert werden.[297] Zweitens muß eine solche Übung mindestens als völkerrechtlich erlaubtes Verhalten akzeptiert werden[298], wenn eine solche Übung nicht als völkerrechtliche Pflicht von den jeweiligen Völkerrechtssubjekten angenommen wird.

---

293 ICJ Report 1950, S. 276 ff.
294 ICJ Report 1969, S. 42 ff.
295 W. Heintschel von Heinegg, in: K. Ipsen, Völkerrecht, 4. Aufl., 1999, S. 186.
296 Artikel 38 Absatz 1 lit. b des IGH-Statuts, in: BGBl. 1973 II, S. 505 ff.
297 ICJ Report 1969, S. 44.
298 PCIJ Series A, No. 10, S. 31.

Der Beleg für die Existenz einer Rechtsüberzeugung ist nur mit der äußerlichen praktischen Übung von einzelnen Völkerrechtssubjekten zu erbringen.[299] Demzufolge wird erstens erörtert, ob die fragliche Übung der Völkerrechtssubjekte als allgemeine Übung besteht. Dann wird überprüft, ob die entsprechenden Völkerrechtssubjekte die Übung aufgrund des Völkerrechts durchgesetzt haben.

3. Immunität Internationaler Organisationen als Völkergewohnheitsrecht?

Im folgenden werden Staatenpraxis und Rechtsüberzeugung analysiert, um die Frage vorübergehend zu beantworten, ob die Immunität Internationaler Organisationen als Völkergewohnheitsrecht bezeichnet werden kann.

a) Entstehung des Praxiselements

In bezug auf die Dauer der Übung ist zu bestätigen, daß die Staaten seit der Begründung Internationaler Organisationen im 18. Jahrhundert diesen kontinuierlich Immunität gewährt haben.[300] Außerdem ist die Immunität Internationaler Organisationen in jedem Gründungsvertrag einer Internationalen Organisation oder in sonstigen internationalen Verträgen geregelt.[301] Somit ist eindeutig festzustellen, daß die Immunitätsgewährung an Internationale Organisationen auf Dauer als völkerrechtliche Übung existiert. Um den genauen Inhalt der Immunität Internationaler Organisationen zu klären, werden im folgenden innerstaatliche Gesetze und Rechtsprechung aufgelistet.

Wenn insbesondere die internationalen Verträge, an denen — wie an der Charta der Vereinten Nationen — viele Staaten teilnehmen, berücksichtigt werden, ist deutlich, daß sich eine Praxis der Immunitätsgewährung an Internationale Organisationen verbreitet hat.

Hinsichtlich des Praxiselements ist ferner aufgrund verschiedener nationaler Rechtsprechungen in bezug auf die Immunitätsgewährung an Internationale Organisationen[302] und aufgrund der internationalen Bestimmungen über die Im-

---

299 W. Heintschel von Heinegg, in: K. Ipsen, Völkerrecht, 4. Aufl., 1999, S. 186.

300 Siehe **3. Kapitel § 1. II.**

301 Siehe **3. Kapitel § 2. I.**

302 Genauer in **3. Kapitel § 2. IV.**

munität Internationaler Organisationen[303] nachweisbar, daß Internationale Organisationen vor nationalen Gerichten Immunität genießen. Fraglich ist lediglich, in welchem Umfang die Immunität Internationaler Organisationen anerkannt wird.

b) Entstehung des Rechtsüberzeugungselements

Das zweite Element für das Entstehen des Völkergewohnheitsrechts, die sogenannte Rechtsüberzeugung, besteht zwischen den Völkerrechtssubjekten. Allerdings ist zunächst nur anerkannt, daß Internationale Organisationen Immunität für ihre Aufgabenerfüllung und für ihre Ziele tatsächlich brauchen. Insoweit müssen andere Völkerrechtssubjekte den Internationalen Organisationen Immunität gewähren.

III. Lehrmeinung

Nach Artikel 38 Absatz 1 lit. d des IGH-Statuts[304] ist die Lehrmeinung ein Hilfsmittel zur Feststellung von Rechtsnormen. Unter Lehrmeinung ist allgemein anerkannt, daß Internationale Organisationen Immunität vor innerstaatlichen Gerichten genießen.[305] Um die Eigenschaft der Immunität Internationaler Organisationen genauer beschreiben zu können, werden im folgenden zunächst verschiedene Lehrmeinungen in bezug auf die Bejahung oder Verneinung der völkergewohnheitsrechtlichen Immunität Internationaler Organisationen diskutiert. Danach werden Lehrmeinungen vorgestellt, die bezüglich der Tätigkeiten Internationaler Organisationen unterscheiden.

1. Immunität in Mitgliedstaaten

Die erste Kategorie von Lehrmeinungen betrachtet die Immunität Internationaler Organisationen nur im engeren Kreis der Mitgliedstaaten.

---

303 **3. Kapitel § 2. I.**

304 BGBl. 1973 II, S. 505 ff.

305 E. Klein, in: W. G. Vitzthum (Hrsg.), Völkerrecht, 2. Aufl., 2001, S. 310; I. Seidl-Hohenveldern/G. Loibl, Das Recht der Internationalen Organisationen einschließlich der Supranationalen Gemeinschaften, 7. Aufl., 2000, S. 280; M. Wenckstern, Handbuch des Internationalen Zivilverfahrensrechts, Band II/1. Die Immunität internationaler Organisationen, 1994, S. 63.

Es wird die Auffassung vertreten, Immunität Internationaler Organisationen sei aufgrund Völkergewohnheitsrechts anerkannt. Allerdings werde die Immunität nicht in allen Staaten unbegrenzt akzeptiert. Der engste Umfang der Immunität Internationaler Organisationen aufgrund Völkergewohnheitsrechts sei die Anerkennung der Immunität Internationaler Organisationen in ihrem Sitzstaat. Allerdings besagt diese Meinung, daß sich bisher kein konkreter Inhalt eines solchen Gewohnheitsrechts herauskristallisiert habe.[306]

Zweitens wird die Meinung vertreten, daß Internationale Organisationen in einem weiteren Umfang Immunität genössen. Es wird behauptet, daß die Internationalen Organisationen in ihren Mitgliedstaaten gewohnheitsrechtlich Immunität genießen würden.[307] Demzufolge werde Internationalen Organisationen Immunität auch ohne vertragliche Immunitätsbestimmungen eingeräumt, also auch dann, wenn die vertraglichen Immunitätsabkommen noch nicht in Kraft getreten sind. Seidl-Hohenveldern behauptet, daß das Gewohnheitsrecht in bezug auf Immunität Internationaler Organisationen jedenfalls nicht so weit gehe, daß Internationale Organisationen auch in einem Nichtmitgliedstaat aufgrund ihrer Immunität von seiner Gerichtsbarkeit befreit seien.[308] Er erwähnt, daß es, abgesehen vom Fall über den Ersatz von für im Dienste der Vereinten Nationen erlittene Schäden[309], bisher keinen Fall gebe, in welchem einer Internationalen Organisation Immunität aufgrund des Gewohnheitsrechts in einem Nichtmitgliedstaat zugestanden wurde.[310]

2. *Immunität in Drittstaaten*

Nach einer weiteren Auffassung soll bei gewohnheitsrechtlicher Anerkennung der Immunität Internationaler Organisationen die Immunität auch in Nichtmitgliedstaaten, also in Drittstaaten, anerkannt werden. Die zweite Kategorie der Lehrmeinungen zieht also die Immunität Internationaler Organisationen in einem Nichtmitgliedstaat in Betracht.

---

306 I. Brownlie, Principles of Public International Law, 4. Aufl., 1996, S. 685.

307 R. Higgins, Problems & Process International Law and How We Use it, 1994, S. 92; T. Rensmann, Internationale Organisationen im Privatrechtsverkehr, in: Archiv des Völkerrechts, 1980, S. 320.

308 I. Seidl-Hohenveldern, Functional Immunity of International Organizations and Human Rights, in: W. Benedek (Hrsg.), Festschrift für Konrad Ginther, 1999, S. 139.

309 ICJ Report 1949, S. 178 ff.

310 I. Seidl-Hohenveldern/G. Loibl, Das Recht der Internationalen Organisationen einschließlich der Supranationalen Gemeinschaften, 7. Aufl., 2000, S. 281.

Es wird die Meinung vertreten, daß die Immunität Internationaler Organisationen nur dann in Drittstaaten gelte, wenn diese Staaten die entsprechenden Internationalen Organisationen völkerrechtlich anerkannt hätten.[311]

Die andere Meinung zur Immunität Internationaler Organisationen in Drittstaaten verkörpert der Kommentar des *American Law Institute* über die Darstellung des US-amerikanischen Privatrechts zur Rechtsvereinheitlichung, sog. *Restatement of the Law Third: Foreign Relations Law of the United States* (im folgenden *Restatement Third*). Nach Auffassung des *American Law Institute* genießen größere Internationale Organisationen in Nichtmitgliedstaaten gewohnheitsrechtlich Immunität.[312] Allerdings werde die Immunität anderen Internationalen Organisationen nur kraft besonderer Abkommen eingeräumt. Bei kleinen Internationalen Organisationen werde die Immunität nur von den Parteien des Abkommens akzeptiert. Welche Internationalen Organisationen unter den Begriff „größere Internationale Organisationen" gefaßt werden, steht nicht ausdrücklich in *Restatement Third*.[313]

In bezug auf die Immunität Internationaler Organisationen im Zusammenhang mit den Drittstaaten ist die Meinung von Bowett erwähnenswert. Er behauptet, daß die Anerkennung der Immunität Internationaler Organisationen aufgrund Völkergewohnheitsrechts nur für die Vereinten Nationen Gültigkeit beanspruchen könne.[314] Ansonsten erkennt er die Immunität Internationaler Organisationen in Drittstaaten aufgrund des Prinzips von Treu und Glauben an. Seiner Ansicht nach verpflichten sich nämlich Drittstaaten, die Internationale Organisationen anerkennen und ihnen erlauben, daß sie in ihrem Hoheitsgebiet tätig werden, dazu, ihnen Immunität zu gewähren, soweit diese für die Funktion der

---

311 G. Beitzke, Zivilrechtsfähigkeit von auf Staatsvertrag beruhenden internationalen Organisationen und juristischen Personen, in: Berichte der deutschen Gesellschaft für Völkerrecht, Bd. 9, 1969, S. 114. Allerdings besteht keine Verpflichtung für Nichtmitgliedstaaten, einer von ihnen anerkannten Internationalen Organisationen Immunität zu gewähren. Siehe dazu, M. Herdegen, Bemerkungen zur Zwangsliquidation und zum Haftungsdurchgriff bei internationalen Organisationen, in: ZaöRV, Bd. 47, 1987, S. 544.

312 Vgl. G. Beitzke, Zivilrechtsfähigkeit von auf Staatsvertrag beruhenden internationalen Organisationen und juristischen Personen, in: Berichte der deutschen Gesellschaft für Völkerrecht, Bd. 9, 1969, S. 114.

313 The American Law Institute (Hrsg.), Restatement of the Law Third: Foreign Relations Law of the United States, Bd. 1, 1987, S. 494.

314 P. Sands/P. Klein (Hrsg.), Bowett's Law of International Institutions, 5. Aufl., 2001, S. 489.

Internationalen Organisationen und für die Erreichung ihres Ziels benötigt wird.[315]

Zuletzt erwähnte Jenks in seiner Schrift über die internationalen Immunitäten die Immunität Internationaler Organisationen in Drittstaaten.[316] Er sieht die Rechtsposition Internationaler Organisationen in Drittstaaten als die Rechtsposition der kollektiv handelnden Staaten. Er erwähnt, daß Drittstaaten den betreffenden Internationalen Organisationen angemessene Immunität einräumen müßten, wenn sie Internationalen Organisationen erlauben, sich in ihrem Hoheitsgebiet zu betätigen.

3. *Keine Immunität*

Es wird ferner die Auffassung vertreten, Immunität Internationaler Organisationen ohne vertragliche Bestimmung sei zweifelhaft.[317]

4. *acta jure imperii vs. acta jure gestionis*

Völkerrechtliche Lehrmeinungen sind sich darüber einig, daß Internationale Organisationen, soweit sie Immunität von nationaler Gerichtsbarkeit genießen, eine solche Immunität nur für die Erreichung ihrer Zwecke und für die Erfüllung ihrer Aufgaben benötigen.[318] Fraglich ist, ob die Internationalen Organisationen für alle ihre Tätigkeiten von der nationalen Gerichtsbarkeit befreit werden sollen. Wenn diese Frage verneint werden sollte, stellt sich die Frage, ob die Tätigkeiten Internationaler Organisationen wie die Tätigkeiten der Staaten in *acta jure imperii* und in *acta jure gestionis* aufgeteilt werden und demzufolge

---

[315] P. Sands/P. Klein (Hrsg.), Bowett's Law of International Institutions, 5. Aufl., 2001, S. 490, vgl. T. Rensmann, Internationale Organisationen im Privatrechtsverkehr, in: Archiv des Völkerrechts, 1980, S. 320.

[316] C. Jenks, International Immunities, 1961, S. 33 f.

[317] G. Beitzke, Zivilrechtsfähigkeit von auf Staatsvertrag beruhenden internationalen Organisationen und juristischen Personen, in: Berichte der deutschen Gesellschaft für Völkerrecht, Bd. 9, 1969, S. 115; G. Ress, Ex Ante Safeguard Against Ex Post Opportunism in International Treaties: Theory and Practice of International Public Law, in: Journal of International and Theoretical Economics, Bd. 150, 1994, S. 474.

[318] Z. B. E. Gaillard/I. Pingel-Lenuzza, International Organisations and Immunity from Jurisdiction: To restrict or to Bypass, in: International and Comparative Law Quarterly, Bd. 51, 2002, S. 5; C. Jenks, International Immunities, 1961, S. 17; P. Sands/P. Klein (Hrsg.), Bowett's Law of International Institutions, 5. Aufl., 2001, S. 487.

ob die Internationalen Organisationen nur für ihre *acta jure imperii* Immunität genießen.

a) Keine Aufteilung der Tätigkeiten Internationaler Organisationen

Von einer Lehrmeinung wird die Aufteilung der Tätigkeiten Internationaler Organisationen abgelehnt.[319] Nach dieser Meinung genießen Internationale Organisationen Immunität für alle ihre Tätigkeiten. Diese Ansicht steht in engem Zusammenhang mit der funktionalen Rechtspersönlichkeit Internationaler Organisationen. Der Begriff „funktionale Rechtspersönlichkeit Internationaler Organisationen" bedeutet, daß eine Internationale Organisation gewisse, einem souveränen Staat nach allgemeinem Völkerrecht zustehende Rechte nur dann und so weit ausüben dürfe, als dies zur Erreichung ihrer Ziele erforderlich ist.[320] Infolge der funktionalen Rechtspersönlichkeit müssen alle Tätigkeiten Internationaler Organisationen mit ihren Zielen eng verbunden sein. Demzufolge genießen Internationale Organisationen Immunität für alle ihre Tätigkeiten. Dieser Gedanke ist so zu verstehen, daß die Internationalen Organisationen absolute Immunität genießen. Allerdings ist die absolute Immunität in diesem Sinne nicht mit der absoluten Immunität in bezug auf die Staaten vergleichbar, weil die Tätigkeiten Internationaler Organisationen von Anfang an aufgrund ihrer Satzung oder völkerrechtlicher Verträge beschränkt sind.

Die zweite Lehrmeinung, welche die Aufteilung der Tätigkeiten Internationaler Organisationen verneint, beruft sich auf die – fehlende – Fähigkeit einzelner nationaler Gerichte, die Tätigkeiten Internationaler Organisationen zu beurteilen. Singer erkennt, daß Internationale Organisationen so weit Immunität genießen, wie sie Immunität für die Erfüllung ihrer Aufgaben und für die Erreichung ihrer Ziele benötigen.[321] Allerdings steht er der Gewährung restriktiver Immu-

---

319 E. Klein, in: W. G. Vitzthum (Hrsg.), Völkerrecht, 2. Aufl., 2001, S. 311; I. Seidl-Hohenveldern/G. Loibl, Das Recht der Internationalen Organisationen einschließlich der Supranationalen Gemeinschaften, 7. Aufl., 2000, S. 282.

320 I. Seidl-Hohenveldern/G. Loibl, Das Recht der Internationalen Organisationen einschließlich der Supranationalen Gemeinschaften, 7. Aufl., 2000, S. 48. In diesem Buch wird das Wort „funktionell" statt „funktional" verwendet, aber in den meisten Völkerrechtslehrbüchern ist das Wort „funktional" in Gebrauch genommen, deshalb wird hier auch von „funktionaler Rechtspersönlichkeit" gesprochen.

321 M. Singer, Jurisdictional Immunity of International Organizations: Human Rights and Functional Necessity Concerns, in: Virginia Journal of International Law, Bd. 36, 1995, S. 56.

nität an Internationale Organisationen kritisch gegenüber, weil die nationalen Gerichte eigentlich nicht für die Entscheidung der Tätigkeiten Internationaler Organisationen geeignet seien.[322] Demzufolge behauptet er, daß die absolute Immunität für Internationale Organisationen anerkannt werden müsse.[323] Diese Begründung für die absolute Immunität Internationaler Organisationen paßt gut zur Unabhängigkeit und Unparteilichkeit Internationaler Organisationen. Wenn Internationale Organisationen nicht immer Immunität von der nationalen Gerichtsbarkeit genössen, müßten die Tätigkeiten Internationaler Organisationen von den betreffenden nationalen Gerichten analysiert werden. Damit würde im Einzelfall entschieden, ob die betreffende Internationale Organisation für die bestimmte Handlung Immunität genießt oder nicht. Diese Entscheidungsbefugnis der nationalen Gerichte könnte die Autorität Internationaler Organisationen gefährden.

Die dritte Meinung unterstützt die absolute Immunität für die Internationalen Organisationen aufgrund der fehlenden Schutzmöglichkeit organisationsexterner Handlungen. Es wird behauptet, daß fast nur organisationsinternen Handlungen Immunität eingeräumt würde, wenn die Tätigkeiten Internationaler Organisationen in *acta jure imperii* und in *acta jure gestionis* aufgeteilt würden und die Internationalen Organisationen nur für ihre *acta jure imperii* Immunität genössen. Nach dieser Ansicht dienen die organisationsexternen Handlungen nur mittelbar der Erreichung der Ziele Internationaler Organisationen. Deshalb werden die meisten organisationsexternen Tätigkeiten Internationaler Organisationen als *acta jure gestionis* anerkannt, für die keine Immunität gewährt wird. Damit ist der Umfang der Immunität so eng, daß die Unabhängigkeit Internationaler Organisationen kaum gesichert werden könne.[324]

b) Aufteilung der Tätigkeiten Internationaler Organisationen

Es gibt allerdings auch die Meinung, nach der die Tätigkeiten Internationaler Organisationen in *acta jure imperii* und in *acta jure gestionis* aufgeteilt werden und Internationale Organisationen nur für ihre *acta jure imperii* Immunität genießen.

---

322 Ders., S. 124.

323 Ders., S. 126.

324 T. Rensmann, Internationale Organisationen im Privatrechtsverkehr, in: Archiv des Völkerrechts, Bd. 36, 1998, S. 315; M. Wenckstern, Handbuch des Internationalen Zivilverfahrensrechts, Band II/1. Die Immunität internationaler Organisationen, 1994, S. 67.

Die erste Meinung behauptet, daß die Immunität Internationaler Organisationen von der Immunität ihrer Mitgliedstaaten abgeleitet sei.[325] Damit könne nur die restriktive Immunität für Internationale Organisationen anerkannt werden. Weil den Staaten heutzutage restriktive Immunität eingeräumt werde, sei die Immunität Internationaler Organisationen auch nur auf *acta jure imperii* beschränkt.

Allerdings ist die Rechtsgrundlage der Staatenimmunität und die Rechtsgrundlage der Immunität Internationaler Organisationen eine andere. Die Staatenimmunität beruht auf Völkergewohnheitsrecht. Demgegenüber ist es streitig, ob die Immunität Internationaler Organisationen aufgrund des Völkergewohnheitsrechts anerkannt werden kann. Klar ist, daß eine Internationale Organisation Immunität genießt, wenn die Immunität in der Satzung der entsprechenden Internationalen Organisation geregelt ist. Folglich gibt es nur Zweifel daran, ob festgestellt werden kann, daß die Immunität Internationaler Organisationen beschränkt sei, weil die Immunität Internationaler Organisationen von der Staatenimmunität abgeleitet werde.

Die Völkerrechtskommission behauptet in ihrer Sitzung in bezug auf *Relations between states and international organizations* vom 24. April 1989, daß die Entwicklung der Staatenimmunität von der absoluten Immunität zur restriktiven Immunität bezüglich der wirtschaftlichen Tätigkeiten der souveränen Staaten nationale Gerichte bei der Beurteilung der Tätigkeiten Internationaler Organisationen beeinflussen könne.[326] Trotz dieser Vermutung der Völkerrechtskommission unterstützt die Mehrheit der Lehrmeinungen, daß Internationale Organisationen Immunität für ihre sämtlichen Tätigkeiten genießen.

IV. Rechtsprechung

Gemäß Artikel 38 Absatz 1 lit. d des IGH-Statuts[327] dienen richterliche Entscheidungen als Hilfsmittel zur Feststellung völkerrechtlicher Normen. Richterliche Entscheidungen i. S. d. Artikel 38 Absatz 1 lit. d des IGH-Statuts sind in erster Linie Entscheidungen des Internationalen Gerichtshofs selbst. Allerdings können auch Rechtsprechungen nationaler Gerichte in Betracht gezogen wer-

---

325 H. G. Schermers/N. Blokker (Hrsg.), International Institutional Law, 3. Aufl., 1995, S. 1007; The American Law Institute (Hrsg.), Restatement of the Law Third: Foreign Relations Law of the United States, Bd. 1, 1987, S. 494.

326 Yearbook of the International Law Commission, 1989, Bd. 2/I, S. 157.

327 BGBl. 1973 II, S. 505 ff.

den, soweit die nationalen Gerichte ein völkerrechtliches Thema behandeln.[328] Die meisten Klagen in bezug auf die Immunität Internationaler Organisationen sind vor nationalen Gerichten erhoben worden. Der Grund dafür liegt darin, daß die Klagen gegen Internationale Organisationen in der Regel von Privatpersonen erhoben werden. Gemäß Artikel 34 Absatz 1 des IGH-Statuts haben zudem Privatpersonen keine Parteifähigkeit für Klagen zum Internationalen Gerichtshof. Somit ist die Analyse der nationalen Rechtsprechungen hinsichtlich der Immunität Internationaler Organisationen wichtig, um die Immunität Internationaler Organisationen zu klären.

Im folgenden werden zunächst nationale Gesetze in bezug auf die Immunität Internationaler Organisationen vorgestellt, dann wird auf die Rechtsprechung des jeweiligen Staates eingegangen.

1. Vereinigte Staaten von Amerika

a) The International Organizations Immunities Act

Ursprünglich nahm die Regierung der Vereinigten Staaten von Amerika dazu Stellung, daß keine völkerrechtliche Pflicht bestehe, den Internationalen Organisationen die gleiche Immunität zu gewähren wie den souveränen ausländischen Staaten.[329] Aufgrund dieser Begründung verzichtete die US-amerikanische Regierung darauf, den Internationalen Organisationen die gleiche Immunität wie den Staaten zu gewähren.[330] Diplomaten und sonstige Einrichtungen ausländischer Staaten genießen nämlich Steuerfreiheit in den Vereinigten Staaten von Amerika.[331] Die Internationalen Organisationen behaupteten, daß sie der Zusammenschluß souveräner Staaten seien, und daß sie finanziell von einzelnen Mitgliedstaaten unterstützt werden. Aufgrund dieser Behauptung waren die Internationalen Organisationen der Meinung, daß ihre Funktionäre und Bediensteten oder sonstigen Angestellten ebenso wie Diplomaten von ihrer Ein-

---

328 H. von Heinegg, in: K. Ipsen, Völkerrecht, 4. Aufl., 1999, S. 220.

329 J. L. Kunz, Privileges and Immunities of International Organizations, in: AJIL, Bd. 41, 1947, S. 828.

330 K. Cully, Jurisdictional Immunities of Intergovernmental Organizations, in: The Yale Law Journal, Bd. 91, 1982, S. 1166; J. L. Kunz, Privileges and Immunities of International Organizations, in: AJIL, Bd. 41, 1947, S. 828.

331 *Section* 116 (h) von *Internal Revenue Code.*

kommensteuer befreit werden sollten.[332] Dagegen äußerte das US-amerikanische Finanzministerium, daß die Internationalen Organisationen keine „ausländische Regierung“ im Sinne des *Internal Revenue Code* (das US-amerikanische Steuergesetz) seien und deshalb auch nicht von der US-amerikanischen Steuergewalt befreit würden.[333]

Als über die Charta der Vereinten Nationen in San Francisco verhandelt wurde, gab der *Secretary of State* (Außenminister) dem US-amerikanischen Präsidenten einen Bericht über die Konferenz.[334] In diesem war zu lesen, daß in bezug auf Artikel 105 der Charta der Vereinten Nationen die Vereinigten Staaten von Amerika als Mitglieder und Sitzstaat der Vereinten Nationen ein entsprechendes Gesetz über Immunität Internationaler Organisationen erlassen sollen.[335] Die Bemühungen für die Bildung der Vereinten Nationen waren schließlich erfolgreich und führten zum Erlaß des *International Organizations Immunities Act*.[336]

Am 29. Dezember 1945 ist *The International Organizations Immunities Act*[337] in Kraft getreten. Das Ziel des *International Organizations Immunities Act* ist, den Internationalen Organisationen die gleiche Immunität von der Gerichtsbarkeit und den sonstigen juristischen Verfahren zu gewähren wie den ausländischen Staaten.[338] Allerdings ist der *International Organizations Immunities Act* nicht auf alle Internationalen Organisationen anwendbar. Erstens muß die entsprechende Internationale Organisation eine zwischenstaatliche Internationale Organisation sein, in der die Vereinigten Staaten von Amerika Mitglied sind. Zweitens genießen nur diejenigen Internationalen Organisationen Immunität aufgrund des *International Organizations Immunities Act*, denen der Präsident Immunität gewährt hat.[339]

---

332 L. Preuss, The International Organizations Immunities Act, in: AJIL, Bd. 40, 1946, S. 334.

333 G. Hackworth, Digest of International Law, Bd. IV, S. 423 und 586.

334 U. S. Department of State, Publication Nr. 2349, Report to the President on the Results of the San Francisco Conference, 1945.

335 U. S. Department of State, Publication Nr. 2349, Report to the President on the Results of the San Francisco Conference, 1945, S. 160.

336 K. Cully, Jurisdictional Immunities of Intergovernmental Organizations, in: The Yale Law Journal, Bd. 91, 1982, S. 1169.

337 Gesetzestext, in: AJIL Supplement, Bd. 40, 1946, S. 85 ff.

338 Title 1, *Section* 2, von *International Organizations Immunities Act*, in: AJIL Supplement, Bd. 40, 1946, S. 86.

339 Title 1, *Section* 1, von *International Organizations Immunities Act*, in: AJIL Supplement, Bd. 40, 1946, S. 85.

Die ersten fünf Internationalen Organisationen, die aufgrund des *International Organizations Immunities Act* Immunität erhielten, waren die Ernährungs- und Landwirtschaftsorganisation der Vereinten Nationen, die Internationale Arbeitsorganisation, die *Pan American Union*, die Vereinten Nationen und die *United Nations Relief and Rehabilitation Administration.* Am 19. Februar 1946 wurde ihnen vom US-amerikanischen Präsidenten Immunität zugebilligt.[340]

Mittlerweile gibt es aber mehrere Internationale Organisationen, welche aufgrund des *International Organizations Immunities Act* Immunität genießen. Für die Gewährung der Immunität an Internationale Organisationen hatte das *Department of State* folgende Voraussetzungen festgesetzt:

1. Die Internationalen Organisationen und ihre Funktionäre und Bediensteten müssen aktiv genug sein, um ihnen die Immunität zu gewähren. Das bedeutet, daß die Internationalen Organisationen ihren Sitz oder ihre Geschäftsstelle und Personal in den Vereinigten Staaten von Amerika haben müssen.
2. Die Vereinigten Staaten von Amerika müssen Mitglieder der entsprechenden Internationalen Organisationen sein.
3. Die Mitgliedschaft der Vereinigten Staaten von Amerika müsse aufgrund eines völkerrechtlichen Vertrags gesichert werden.
4. Die Mitglieder Internationaler Organisationen müssen Staaten sein, dürfen also nicht private Organisationen sein.
5. Es darf nicht zu erwarten sein, daß die Internationale Organisation in Zukunft aufgelöst werde.[341]

Im Zusammenhang mit der Anerkennung der Internationalen Organisationen als Subjekt des *International Organizations Immunities Act* ist zu erwähnen, daß der Präsident das Recht hat, den Internationalen Organisationen keine Immunität zu gewähren oder schon gewährte Immunität zu widerrufen.[342]

---

340 Executive Order 9698, Fed. Reg., Bd. 11, Nr. 36, 20. Februar 1946, S. 1809.

341 Department of State, Press Release, Nr. 128, 20. Februar 1946.

342 Title 1, *Section* 1 vom *International Organizations Immunities Act* lautet: The President shall be authorized, in the light of the functions performed by any such international organization, by appropriate Executive order to withhold or withdraw from any such organization or its officers or employees any of the privileges, exemptions, and immunities provided for in this title ... or to condition or limit the enjoyment by any such organization or its officers or employees of any such privilege, exemption, or immunity.

Im *International Organizations Immunities Act* wird zunächst geregelt, daß die Internationalen Organisationen Rechtssubjekte sind und dadurch die Fähigkeit behalten, Verträge zu schließen, bewegliches und unbewegliches Vermögen zu kaufen und zu verkaufen sowie gerichtliche Verfahren zu führen.[343]

Soweit die Internationalen Organisationen nicht ausdrücklich auf ihre Immunität verzichtet haben, genießen sie die gleiche Immunität von der Gerichtsbarkeit der Vereinigten Staaten von Amerika wie ausländische Staaten.[344] Geregelt wurde beispielsweise, daß das Vermögen Internationaler Organisationen, soweit sie nicht ausdrücklich auf ihre Immunität verzichtet haben, immun vor Durchsuchungen und Beschlagnahmen ist. Ihre Archive sind unverletzlich.[345]

In anderen Punkten genießen die Internationalen Organisationen die gleiche Immunität wie Staaten, etwa in bezug auf die Zollbestimmungen beim Import oder die Sicherung ihrer offiziellen Kommunikation.[346]

Außerdem sind die Internationalen Organisationen von verschiedenen Steuern befreit. Aufgrund *Section* 4 (a) des *International Organizations Immunities Act* sind die Internationalen Organisationen von Steuern bei Investitionen oder Zinsen, die in die Vereinigten Staaten von Amerika flossen, befreit. Soweit Bedienstete Internationaler Organisationen keine US-amerikanischen Staatsangehörigen sind und sie ähnliche Aufgaben ausüben wie die Angestellten der US-amerikanischen Regierungsbehörden im Ausland, sind deren Gehälter ebenfalls

---

343 Title 1, *Section* 2 (a) vom *International Organizations Immunities Act* lautet: International organizations shall, to the extent consistent with the instrument creating them, possess the capacity - (i) to contract; (ii) to acquire and dispose of real and personal property; (iii) to institute legal proceedings.

344 Title 1, *Section* 2 (b) vom *International Organizations Immunities Act* lautet: International organizations, their property and their assets, wherever located, and by whomsoever held, shall enjoy the same immunity from suit and every form of judicial process as is enjoyed by foreign governments, except to the extent that such organizations may expressly waive their immunity for the purpose of any proceedings or by the terms of any contract.

345 Title 1, *Section* 2 (c): Property and assets of international organizations, wherever located and by whomsoever held, shall be immune from search, unless such immunity be expressly waived, and from confiscation. The archives of international organizations shall be inviolable.

346 Title 1, *Section* 2 (d): Insofar as concerns customs duties and internal-revenue taxes imposed upon or by reason of importation, and the procedures in connection therewith; the registration of foreign agents; and the treatment of official communications, the privileges, exemptions, and immunities to which international organizations shall be entitled shall be those accorded under similar circumstance to foreign governments.

steuerfrei. Als sonstige Steuerbefreiung ist die Befreiung von der Sozialversicherungssteuer[347] und sämtlichen Vermögenssteuern[348] zu nennen.[349]

Im *International Organizations Immunities Act* ist auch die Immunität der Bediensteten Internationaler Organisationen, Repräsentanten der Mitgliedstaaten Internationaler Organisationen und ihrer Familie, US-amerikanische Staatsangehörige ausgenommen, geregelt. Diese genießen die gleiche Immunität hinsichtlich der Ein- und Ausreise in und aus den Vereinigten Staaten von Amerika wie die Diplomaten oder ihre Familienmitglieder. Auch wird ihnen bei der Anmeldung als Ausländer ebenso wie Mitarbeitern ausländischer Staaten und deren Familien Immunität gewährt.[350] Darüber hinaus sind sie immun von der Gerichtsbarkeit und sonstigen juristischen Verfahren in bezug auf ihren dienstlichen Bereich.[351]

b) Rechtsprechung der Vereinigten Staaten von Amerika

In den Vereinigten Staaten von Amerika ist *The International Organizations Immunities Act* (im folgenden IOIA) am 29. Dezember 1945 in Kraft getreten. Zirka 30 Jahre später wurde *The Foreign Sovereign Immunities Act* (im folgenden FSIA) in bezug auf die Immunität für ausländische Staaten erlassen. Als Sitzstaat zahlreicher Internationaler Organisationen wurden in den Vereinigten Staaten von Amerika viele Klagen gegen Internationale Organisationen erhoben. Die meisten Klagen bezogen sich auf Arbeitsverhältnisse zwischen Mitarbeitern Internationaler Organisationen und den Internationalen Organisationen selbst als deren Arbeitgeber. Das Merkmal der Fälle hinsichtlich der Immunität Internationaler Organisationen in den Vereinigten Staaten von Amerika ist, daß das Verhältnis zwischen den beiden Immunitätsgesetzen IOIA und FSIA oft behandelt wurde. Nach dem IOIA genießen Internationale Organisationen

---

347 Title 1, *Section* 5 (b) vom *International Organizations Immunities Act*, in: AJIL Supplement, Bd. 40, 1946, S. 88.

348 Title 1, *Section* 6 vom *International Organizations Immunities Act*, in: AJIL Supplement, Bd. 40, 1946, S. 88.

349 In Title 1, *Section* 4 vom *International Organizations Immunities Act* ist die Änderung des amerikanischen Steuerrechts (*The Internal Revenue Code*) geregelt. Siehe Gesetzestext in: AJIL Supplement, Bd. 40, 1946, S. 86.

350 Title 1, *Section* 7 (a) vom *International Organizations Immunities Act*, in: AJIL Supplement, Bd. 40, 1946, S. 89.

351 Title 1, *Section* 7 (b) vom *International Organizations Immunities Act*, in: AJIL Supplement, Bd. 40, 1946, S. 89.

absolute Immunität wie sie die souveränen Staaten beim Erlaß des IOIA genossen haben. Nach dem FSIA genießen souveräne Staaten allerdings nur restriktive Immunität. Die Frage stellt sich folglich, ob Internationalen Organisationen auch nur noch restriktive Immunität zuerkannt werde. In diesem Kapitel werden zunächst einige Fälle, die in den Vereinigten Staaten von Amerika in bezug auf Internationale Organisationen behandelt wurden, aufgelistet und dann analysiert.

aa) Broadbent v. Organization of American States (Entscheidung vom Court of Appeals for the District of Columbia Circuit vom 8. Januar 1980)[352]

Kläger waren sieben ehemalige Angestellte des Generalsekretariats der Organisation Amerikanischer Staaten (im folgenden OAS), die am OAS-Sitz in Washington D. C. eingestellt wurden. Alle Kläger besaßen entweder die US-amerikanische Staatsangehörigkeit oder dauerhafte Aufenthaltsgenehmigungen in den Vereinigten Staaten von Amerika. Die ehemaligen Angestellten wurden aufgrund der Entscheidung der OAS Generalversammlung hinsichtlich Personalverkürzung am 31. August 1976 entlassen.[353]

Vom 31. Oktober bis zum 8. November 1976 diskutierten die Kläger mehrmals beim OAS Executive Tribunal (internes Tribunal zum Entscheiden interner Probleme, besonders bzgl. Arbeitsverhältnissen). Das OAS Executive Tribunal erachtete die Entlassung der Kläger für unangemessen und stellte fest, daß die Kläger wieder eingestellt werden müßten. Das Tribunal judizierte außerdem, daß der Generalsekretär den Angestellten Entschädigung zu zahlen habe, wenn er sie nicht wieder einstelle. Tatsächlich verzichtete der Generalsekretär darauf, die entlassenen Angestellten wieder einzustellen. Deshalb bekam jeder Angestellte Entschädigung aufgrund der Entscheidung des OAS Tribunals.[354]

Im November 1977 klagten die sieben Angestellten der OAS vor dem US-amerikanischen Bezirksgericht des Bundesdistrikts Columbia wegen eines Schadens in Höhe von 3 Millionen Dollar wegen Verletzung des Arbeitsver-

352 M. Gordon, Casenote, in: Harvard International Law Journal, Bd. 21, 1980, S. 552 ff.

353 Nach Art. 119 (b) der OAS Charter, in: United Nations Treaty Series, Bd. 721, 1967, S. 264, hat der Generalsekretär das Recht, die Zahl der Angestellten des Generalsekretariats zu bestimmen. Dadurch kann der Generalsekretär die Angestellten entlassen.

354 M. Gordon, Casenote, in: Harvard International Law Journal, Bd. 21, 1980, S. 553.

trags.[355] Die Kläger behaupteten, daß Internationale Organisationen ihre Immunität nur beschränkt genössen, weil Internationale Organisationen gemäß Title 1 *Section* 2 (b) des IOIA die gleiche Immunität wie die Staaten hätten. Die Staaten genießen nach dem FSIA nur restriktive Immunität. Das Bezirksgericht des Bundesdistrikts Columbia behauptete, daß Internationale Organisationen absolute Immunität genießen würden, soweit sie auf die Immunität nicht ausdrücklich verzichten. Das Bezirksgericht entschied, daß keine Gerichtsbarkeit in dem Fall bestehe, weil das IOIA keine Zuständigkeit des US-amerikanischen Bezirksgerichts für zivilrechtliche Klagen gegen Internationale Organisationen vorsehe. Außerdem erwähnte das Gericht, daß das FSIA nicht Internationale Organisationen als Subjekt des Aktes regele,[356] und die Zuständigkeitsbestimmung des § 1330 des FSIA[357] nur ausländische Staaten als ihr Subjekt anerkenne.[358] Am 19. April 1978 wandten sich sechs der ehemaligen Angestellten an eine höhere Instanz.

Der *United States Court of Appeals* entschied nicht ausdrücklich, ob Internationale Organisationen absolute Immunität oder restriktive Immunität genießen. Das Gericht bestätigte die Zurückweisung des Bezirksgerichts und behauptete, die restriktive Immunität solle zwar Internationalen Organisationen gewährt werden. Allerdings handelte es sich nach Ansicht des Gerichts in dem Fall nicht um OASs wirtschaftliche Tätigkeit, für welche die Staaten gemäß § 1605 (a) (2) des FSIA keine Immunität genießen.[359] Das bedeutet, daß die OAS immun von der US-amerikanischen Gerichtsbarkeit in bezug auf die Klagen ihrer Angestellten ist.[360]

Diese Entscheidung ist einerseits richtig, um die Selbständigkeit der OAS zu sichern, wie Richter Leventhal in der Entscheidung meinte. Er behauptete, daß das staatliche Gericht in die internen Verwaltungsprobleme Internationaler Organisationen verwickelt würde, sollte das Gericht über den Fall entscheiden.[361]

---

355 M. Gordon, Casenote, in: Harvard International Law Journal, Bd. 21, 1980, S. 553.

356 § 1603 des *Foreign Sovereign Immunities Act*, in: AJIL, Bd. 71, 1977, S. 596.

357 § 1330 regelt Klagen gegen ausländischen Staaten. Siehe Gesetzestext in: AJIL, Bd. 71, 1977, S. 595.

358 M. Gordon, Casenote, in: Harvard International Law Journal, Bd. 21, 1980, S. 554.

359 In diesem Punkt ist zu vermuten, daß das Gericht wirtschaftliche Tätigkeit als Ausnahme der Immunitätsgewährung auch für Internationale Organisationen angewandt hätte.

360 M. Gordon, Casenote, in: Harvard International Law Journal, Bd. 21, 1980, S. 555.

361 T. J. O'Toole, Sovereign Immunity Redivivus: Suits Against International Organizations, in: Suffolk Transnational Law Journal, Bd. 4, 1980, S. 3.

Andererseits wird diese Entscheidung kritisiert. Internationale Organisationen würden von der arbeitsrechtlichen Regelung der Vereinigten Staaten von Amerika befreit, wenn sie US-amerikanische Staatsangehörige, die in den Vereinigten Staaten von Amerika für Internationale Organisationen arbeiten, einstellten.[362]

bb) Tuck v. Pan American Health Organization (Entscheidung vom Court of Appeals for the District of Columbia Circuit vom 13. November 1981)

Der Kläger, Ronald Tuck, wurde beauftragt, juristische Beratung für die Angestelltenorganisation der *Pan American Health Organizations* (im folgenden PAHO) zu geben. PAHO ist eine Internationale Organisation, die 1949 in die Weltgesundheitsorganisation als deren regionaler Zweig integriert wurde. Die Angestelltenorganisation ist eine selbständige Organisation, die von den Angestellten der PAHO gegründet wurde.

Tuck klagte vor dem Bezirksgericht des Bundesdistrikts Columbia gegen die PAHO und deren Direktor Dr. Hector Acuna wegen Störung seines Beratungsvertrages. Das Gericht wies die Klage zurück, weil keine „*state action*" im Fall existiere.[363]

Der *Court of Appeals* des Bundesdistrikts Columbia bestätigte die Entscheidung des Bezirksgerichts. Allerdings nannte das Gericht als Grund für die Zurückweisung, daß die PAHO und deren Direktor Dr. Acuna Immunität von einer solchen Klage genießen. Dabei zitierte das Gericht die Entscheidung im *Broadbent*-Fall und behauptete, daß es nicht nötig sei, zu entscheiden, ob das IOIA im Zusammenhang mit dem FSIA Internationalen Organisationen absolute oder restriktive Immunität gewähre,[364] weil es sich in dem *Tuck*-Fall nicht um eine wirtschaftliche Tätigkeit handelt, für die Internationale Organisationen keine Immunität genießen könnten.

---

[362] M. Gordon, Casenote, in: Harvard International Law Journal, Bd. 21, 1980, S. 561.
[363] AJIL, Bd. 76, 1982, S. 623.
[364] AJIL, Bd. 76, 1982, S. 623.

cc) *Mendaro v. World Bank (Entscheidung vom Court of Appeals for the District of Columbia Circuit vom 27. September 1983)*

Die argentinische Angestellte der Weltbank Susana Mendaro klagte gegen die Weltbank wegen sexueller Belästigung und Diskriminierung vor dem Bezirksgericht des Bundesdistrikts Columbia.[365] Die Weltbank behauptete ihre Immunität von der Gerichtsbarkeit ihrer Mitgliedstaaten in bezug auf Klagen, die einen Zusammenhang mit ihrer internen Verwaltung hätten.[366] Mendaro behauptete, daß die Weltbank in Artikel VII Abschnitt 3 des Abkommens über die Internationale Bank für Wiederaufbau und Entwicklung (im folgenden Weltbankabkommen) auf ihre Immunität verzichtet habe.[367]

Das Bezirksgericht des Bundesdistrikts Columbia wies aber Mendaros Interpretation des Artikel VII Abschnitt 3 des Weltbankabkommens, der den Immunitätsverzicht der Weltbank in bestimmten Fällen regelt, zurück.[368]

Mendaro klagte weiter vor dem *United States Court of Appeals* des Bundesdistrikts Columbia. Am 27. September 1983 wies das Gericht die Klage zurück.[369]

Das Gericht interpretierte die Bestimmung über den Immunitätsverzicht gemäß Artikel VII Abschnitt 3 des Weltbankabkommens nicht weiter.[370] Der Artikel erkenne nicht jede Klage gegen die Weltbank an, welche der Artikel nicht ausdrücklich als Immunitätsverzichtsfall auflistet. Laut der Bestimmung des Artikel VII Abschnitt 3 sollten die Funktion der Weltbank und der Zweck internationaler Immunität zur Kenntnis genommen werden. Als Folge sei es nach der Meinung des Gerichts klar, daß die Mitgliedstaaten der Weltbank geplant hätten, in bestimmten Fällen auf die Immunität der Weltbank zu verzichten, soweit die Klagen erhoben werden, um das Ziel der Weltbank zu verwirklichen. Der Immunitätsverzicht in bezug auf die Klage der Bediensteten der Weltbank, welcher auf interner Verwaltung der Weltbank beruhe, sei für die Weltbank nicht

---

365 AJIL, Bd. 78, 1984, S. 221.

366 Siehe Casenote von F. W. Henderson, in: North Carolina Journal of International Law and Commercial Regulation, Bd. 10, 1985, S. 487 ff.; AJIL, Bd. 78, 1984, S. 2221 ff.

367 AJIL, Bd. 78, 1984, S. 222.

368 Casenote von F. W. Henderson, in: North Carolina Journal of International Law and Commercial Regulation, Bd. 10, 1985, S. 488.

369 Casenote von F. W. Henderson, in: North Carolina Journal of International Law and Commercial Regulation, Bd. 10, 1985, S. 489.

370 Casenote von F. W. Henderson, in: North Carolina Journal of International Law and Commercial Regulation, Bd. 10, 1985, S. 489.

nötig, um ihre Funktion zu realisieren. Ohne ausdrücklichen Verzicht auf die Immunität in bezug auf diese Frage sei die Immunität für die Weltbank gesichert.[371]

Außerdem fand das Gericht die Immunität der Weltbank in bezug auf die Klage ihrer Bediensteten für nötig, damit sich die Internationale Organisation gegen die einseitige Kontrolle durch einen ihrer Mitgliedstaaten verteidigen könne.[372]

dd) Boimah v. United Nations General Assembly (Entscheidung vom District Court for East Division of New York vom 24. Juli 1987)

Der Kläger Joseph Boimah wurde zeitweilig bei den Vereinten Nationen angestellt. Er klagte im Mai 1987 gegen die Generalversammlung der Vereinten Nationen aufgrund des US-amerikanischen *Civil Rights Act* Title 7 § 701[373], daß sie seine permanente Anstellung wegen seiner Rasse und afrikanischer Nationalität abgelehnt habe.[374] Das Bezirksgericht entschied, daß die Vereinten Nationen immun von der US-amerikanischen Gerichtsbarkeit seien, da die Vereinten Nationen nicht ausdrücklich auf die Immunität hinsichtlich des Arbeitsverhältnisses verzichtet hätten.[375]

In diesem Fall analysierte das Gericht drei wichtige Punkte: Zuerst behauptet das Gericht, daß es keine Zurückweisung aufgrund des Title 7 des *Civil Rights Act* sehe. Die Definition „Angestellte" unter Title 7 des *Civil Rights Act* schließe einen bestimmten Fall aus: Organisationen mit weniger als 15 Angestellten, nicht jedoch Internationale Organisationen wie die Vereinten Nationen. Damit sei klar, daß die Vereinten Nationen auch Subjekt des *Civil Rights Act* sein können.[376]

---

371 Casenote von F. W. Henderson, in: North Carolina Journal of International Law and Commercial Regulation, Bd. 10, 1985, S. 489.

372 AJIL, Bd. 78, 1984, S. 223.

373 Vgl. von § 2000 e bis § 2000 e-17, in: 42 U. S. C., 1982.

374 A. A. Farrugia, Boimah v. United Nations General Assembly: International Organizations Immunity is absolutely not restrictive, in: Brooklyn Journal of International Law, Bd. XV, 1989, S. 510.

375 A. A. Farrugia, Boimah v. United Nations General Assembly: International Organizations Immunity is absolutely not restrictive, in: Brooklyn Journal of International Law, Bd. XV, 1989, S. 513 ff.

376 A. A. Farrugia, Boimah v. United Nations General Assembly: International Organizations Immunity is absolutely not restrictive, in: Brooklyn Journal of International Law, Bd. XV, 1989, S. 511.

Zweitens deutete das Gericht an, was im *Broadbent*-Fall nicht behauptet wurde, nämlich daß das FSIA für Internationale Organisationen angewendet werden könnte, aber es entschied nicht deutlich, ob das FSIA tatsächlich für die Internationalen Organisationen angewendet werde.[377] Wenn das FSIA für die Vereinten Nationen angewendet werde, würden die Arbeitsverhältnisse mit den Bediensteten als von nichtwirtschaftlicher Natur anerkannt. Deshalb sei der Fall auch nicht Gegenstand des FSIA. Damit bedeutete das Gericht, daß es auch solche Situationen geben könnte, in denen die Immunität Internationaler Organisationen nicht absolut ist.

Der dritte und am meisten diskutierte Punkt des Falls war, ob die Vereinten Nationen ausdrücklich auf ihre Immunität wegen einer Klage von ihren Bediensteten oder von sonstigen Angestellten verzichten konnten. Das Gericht entschied, daß kein ausdrücklicher Verzicht auf Immunität durch die Vereinten Nationen möglich sei. Das Gericht nannte auch Artikel 105 (1) der Charta der Vereinten Nationen, durch den die Vereinten Nationen Privilegien und Immunität in ihren Mitgliedstaaten genießen, soweit sie zur Erfüllung ihres Zwecks nötig sind.[378] Aufgrund des fehlenden Verzichtes auf Immunität durch die Vereinten Nationen wies das Gericht die Klage gegen die Generalversammlung der Vereinten Nationen zurück.[379]

In diesem Fall zeigte das Gericht wieder sein typisches Verhalten hinsichtlich des Problems der Immunität Internationaler Organisationen. Das Gericht klärte nämlich nicht, ob Internationale Organisationen absolute oder restriktive Immunität genießen.

---

377 A. A. Farrugia, Boimah v. United Nations General Assembly: International Organizations Immunity is absolutely not restrictive, in: Brooklyn Journal of International Law, Bd. XV, 1989, S. 511.

378 A. A. Farrugia, Boimah v. United Nations General Assembly: International Organizations Immunity is absolutely not restrictive, in: Brooklyn Journal of International Law, Bd. XV, 1989, S. 512.

379 A. A. Farrugia, Boimah v. United Nations General Assembly: International Organizations Immunity is absolutely not restrictive, in: Brooklyn Journal of International Law, Bd. XV, 1989, S. 512 ff.

ee) *Morgan v. International Bank for Reconstruction and Development (Entscheidung vom District Court for the District of Columbia vom 13. September 1990)*

Charles Morgan, der Angestellter bei einer Zeitarbeitsfirma war, arbeitete zweieinhalb Jahre als Sekretär bei der Weltbank. Er behauptete, daß Bedienstete und Sicherheitspersonal der Weltbank ihn gegen seinen Willen festgenommen und daran gehindert hätten, Kontakt mit einem Anwalt aufzunehmen. Sie warfen ihm Gelddiebstahl vor, aber es gab keinen Beweis dafür.[380] Morgan klagte gegen die Weltbank auf Schadensersatz wegen vorsätzlicher psychischer Verletzung, ungesetzlicher Freiheitsberaubung und Ehrverletzung in Verbindung mit dem Vorfall. Die Weltbank behauptete, daß die Tätigkeit ihrer Bediensteten und ihres Sicherheitspersonals interne Aktivitäten gewesen seien und daß die Weltbank für ein solches internes Problem Immunität genießen solle.[381]

Das US-amerikanische Bezirksgericht des Bundesdistrikts Columbia entschied, daß eine Klage gegen die Weltbank in bezug auf deren internes Problem unzulässig sei.[382] Nach Ansicht des Gerichts könnte die Neutralität Internationaler Organisationen gefährdet werden, wenn ein organisationsinternes Problem von einem innerstaatlichen Gericht beurteilt werden könnte.[383] Das Gericht stellte außerdem fest, daß Internationale Organisationen nach dem IOIA absolute Immunität genössen, soweit sie nicht ausdrücklich auf Immunität verzichtet hätten.[384] In diesem Fall „*Morgan*" hat die Weltbank auf ihre Immunität nicht verzichtet. Demzufolge entschied das Gericht, daß die Weltbank diesbezüglich absolute Immunität genieße.[385]

So wie in anderen Fällen[386] behauptete der Kläger, daß die Internationale Organisation nach dem IOIA im Zusammenhang mit dem FSIA nur noch restriktive

---

380 D. Hammerschlag, Morgan v. International Bank for Reconstruction and Development, in: Maryland Journal of International Law and Trade, Bd. 16, 1992, S. 280.

381 D. Hammerschlag, Morgan v. International Bank for Reconstruction and Development, in: Maryland Journal of International Law and Trade, Bd. 16, 1992, S. 281.

382 D. Hammerschlag, Morgan v. International Bank for Reconstruction and Development, in: Maryland Journal of International Law and Trade, Bd. 16, 1992, S. 282.

383 D. Hammerschlag, Morgan v. International Bank for Reconstruction and Development, in: Maryland Journal of International Law and Trade, Bd. 16, 1992, S. 286.

384 Vgl. Title 1, *Section* 2 (b) vom *International Organizations Immunities Act*, in: AJIL Supplement, Bd. 40, 1946, S. 86.

385 D. Hammerschlag, Morgan v. International Bank for Reconstruction and Development, in: Maryland Journal of International Law and Trade, Bd. 16, 1992, S. 284.

386 Siehe dazu aa) Broadbend-Fall und dd) Boimah-Fall.

Immunität genieße. Demzufolge behandelte das Gericht die Frage, ob der Gegenstand der Klage zu einer Ausnahme von der Immunität aufgrund wirtschaftlicher Tätigkeit, die vom FSIA anerkannt ist, führen könne.[387] Das Gericht urteilte, daß die Immunitätsausnahme wegen wirtschaftlicher Tätigkeiten nur bei externer Tätigkeit der Weltbank anerkannt werde. Wenn es sich um die Mitarbeiter der Weltbank handele, seien solche Fälle nicht externe Tätigkeiten der Weltbank, sondern interne Angelegenheiten. Aus diesem Grund genieße die Weltbank in diesem Fall Immunität.[388]

c) US-amerikanische Stellungnahme über die Immunität Internationaler Organisationen

aa) Auslegungsproblem beider Gesetze: IOIA und FSIA

Es ist zu erkennen, daß die US-amerikanischen Gerichte sich nicht deutlich mit der Natur der Immunität Internationaler Organisationen auseinandergesetzt haben, also mit der Frage, ob die Internationalen Organisationen absolute oder restriktive Immunität genießen sollen. Bei der Immunitätsbestimmung des IOIA ist nicht klar, ob die Internationalen Organisationen immer noch absolute Immunität genießen oder im Zusammenhang mit dem FSIA nur restriktive Immunität, weil die Bestimmung des IOIA als Kriterium der Immunitätsgewährung an Internationale Organisationen lautet, daß Internationalen Organisationen solche Immunität zusteht, wie sie souveräne Staaten genießen.[389] Als das IOIA im Jahre 1945 in Kraft trat, genossen die Staaten absolute Immunität, im Lauf der Zeit wurde jedoch die staatliche Tätigkeit erweitert, so daß die Staaten nicht mehr absolute Immunität, sondern nur noch restriktive Immunität genießen.[390]

Schwerpunkt der Diskussion in den Vereinigten Staaten von Amerika in bezug auf die Immunität Internationaler Organisationen war das Verhältnis zwischen IOIA und FSIA. Es stellt sich die Frage, ob das IOIA durch die Bestimmungen des FSIA geändert worden sei oder nicht. Bis jetzt ist dies nicht geklärt. Um

---

387 D. Hammerschlag, Morgan v. International Bank for Reconstruction and Development, in: Maryland Journal of International Law and Trade, Bd. 16, 1992, S. 287.

388 D. Hammerschlag, Morgan v. International Bank for Reconstruction and Development, in: Maryland Journal of International Law and Trade, Bd. 16, 1992, S. 284.

389 Title 1, *Section* 2 (b) vom *International Organizations Immunities Act*, in: AJIL Supplement, Bd. 40, 1946, S. 86.

390 In den Vereinigten Staaten von Amerika wurde die restriktive Immunität für Staaten erst durch sog. „*Tate-letter*" anerkannt. Siehe dazu **2. Kapitel § 3 II.** 1.

diese Frage zu klären, kann die Entstehungsgeschichte des IOIA und FSIA berücksichtigt werden.

Die Entstehungsgeschichte des IOIA[391] zeigt nicht, daß der Kongreß erwartet hat, daß sich die Immunität Internationaler Organisationen wegen der Staatenimmunität ändern werde. Der *House Report* schrieb: „In general, ... the privileges and immunities provided in this legislation are similar to those granted by the United States to foreign governments and their officials. However, this legislation has the advantage of setting forth in one place all of the specific privileges which international organizations will enjoy."[392] Dies bedeutet, daß der Kongreß nicht das Ziel hatte, die Immunität Internationaler Organisationen mit der Entwicklung der Staatenimmunität zu ändern.

Betrachtet man demgegenüber die Bestimmungen des FSIA, erkennt man, daß er nur „ausländische Staaten" oder „*agency or instrumentality* ausländischer Staaten" als Subjekte anspricht.[393] Internationale Organisationen sind somit auf keinen Fall Subjekte des FSIA. Dadurch ist festzustellen, daß der Kongreß nicht beabsichtigte, die IOIA-Bestimmungen durch das FSIA zu ändern.[394]

Außerdem enthält das FSIA nur einen Artikel, welcher Internationale Organisationen erwähnt, nämlich § 1611 (a). § 1611 (a) lautet: „... the property of those organizations designated by the President as being entitled to enjoy the privileges, exemptions, and immunities provided by the International Organizations Immunities Act shall not be subject to attachment or any other judicial process impeding the disbursement of funds to, or on the order of, a foreign state as the result of an action brought in the courts of the United States or of the States."[395] Über diesen Artikel klärte der Kongreß, daß die Immunität Internationaler

---

391 Über das Thema der Entstehungsgeschichte beider Immunitätsgesetzes siehe K. Cully, Jurisdictional Immunities of Intergovernmental Organizations, in: The Yale Law Journal, Bd. 91, 1982, S. 1168 ff.; G. H. Glenn/M. M. Kearney/D. J. Padilla, Immunities of International Organizations, in: Virginia Journal of International Law, Bd. 22, 1982, S. 257 ff.; G. J. Greener, The Commercial Exception to Foreign Sovereign Immunity: To Be Immune or Not to Be Immune? That is the Question, in: Loyola of Los Angeles International & Comparative Law Journal, Bd. 15, 1992, S. 181 ff.; R. J. Oparil, Immunity of International Organizations in United States Courts: Absolute or Restrictive?, in: Vanderbilt Journal of Transnational Law, Bd. 24, 1991, S. 705 ff.

392 House Report, Report Nr. 4489, 79. Congress, 1. Session (1945).

393 § 1603 (a) des *Foreign Sovereign Immunities Act*, in: AJIL, Bd. 71, 1977, S. 600.

394 House Report, Report Nr. 1487, 94. Congress, 2. Session (1976).

395 § 1611 (a) des *Foreign Sovereign Immunities Act*, in: AJIL, Bd. 71, 1977, S. 600.

Organisationen nicht beschränkt wird.[396] Das ist ein klarer Beleg dafür, daß der Kongreß nicht beabsichtigt hat, durch den Erlaß des FSIA die Immunität Internationaler Organisationen zu ändern.

bb) Notwendigkeit restriktiver Immunität für Internationale Organisationen: wirtschaftliche und menschenrechtliche Ansicht

Aus wirtschaftlichen Beweggründen gab es einen Versuch auf politischer Ebene, die Immunität Internationaler Organisationen zu beschränken. 1990 hat Senator Roth vorgeschlagen, die Bestimmungen des IOIA hinsichtlich der absoluten Immunität Internationaler Organisationen zu ändern.[397] Er erklärte, daß die restriktive Immunität nicht nur für Staaten, sondern auch für Internationale Organisationen anerkannt werden solle. Als Grund dafür nannte er, daß - wenn Internationale Organisationen Immunität für alle ihre Tätigkeiten genießen - Privatpersonen, die mit ihnen Kaufverträge schließen oder sonstige wirtschaftliche Beziehungen haben, fürchten müssen, daß Streitigkeiten über Geschäfte wegen der Immunität nicht rechtmäßig gelöst werden können. Es würde an Rechtsschutzmöglichkeiten für Privatpersonen fehlen.[398] Auch aus menschenrechtlichen Gründen ist die Frage, ob Internationale Organisationen absolute oder restriktive Immunität genießen, wichtig. Wenn Internationale Organisationen absolute Immunität genössen, wären Privatpersonen ohne Schutz. Sie könnten also im Fall eines materiellen oder immateriellen Schadens, den sie wegen der dienstlichen Tätigkeit einer Internationalen Organisation erlitten haben, keinen Schadensersatz erstreiten. Damit stünde die Anerkennung einer absoluten Immunität schwerwiegenden Nachteilen für die Privatpersonen gegenüber.

cc) Soll Immunität Internationaler Organisationen absolut oder restriktiv sein?

Angesichts der Entstehungsgeschichte der beiden innerstaatlichen Gesetze IOIA und FSIA und angesichts US-amerikanischer Rechtsprechung wird der Immu-

---

396 House Report, Report Nr. 1487, 94. Congress, 2. Session (1976).

397 Darüber siehe R. J. Oparil, Immunity of International Organizations in United States Courts: Absolute or Restrictive?, in: Vanderbilt Journal of Transnational Law, Bd. 24, 1991, S. 707 ff.

398 R. J. Oparil, Immunity of International Organizations in United States Courts: Absolute or Restrictive?, in: Vanderbilt Journal of Transnational Law, Bd. 24, 1991, S. 707 ff.

nitätsbereich für Internationale Organisationen durch FSIA nicht geändert. Somit genießen Internationale Organisationen absolute Immunität.[399] In der Praxis genießen nach dem IOIA Internationale Organisationen aber nicht wirklich grenzenlose Immunität. Der Präsident kann die Immunität Internationaler Organisationen beschränken oder aufheben.[400] Daran erkennt man die Kontrollmöglichkeit des Präsidenten gegenüber Internationalen Organisationen. Diese Regel ist ein starker Anreiz für Internationale Organisationen, ihre Immunität nicht zu mißbrauchen.

2. Vereinigtes Königreich

a) International Organisations Act 1968

Am 26. Juli 1968 ist der britische *International Organisations Act* in Kraft getreten. Dieses Gesetz änderte den sog. *International Organisations (Immunities and Privileges) Act 1950*[401]. Dabei wurden die Bestimmungen vom *European Coal and Steel Community Act 1955* und der Wiener Konvention über diplomatische Beziehungen von 1961 berücksichtigt.

Subjekte des *International Organisations Act* sind Internationale Organisationen, bei denen das Vereinigte Königreich Mitglied ist[402] und deren Mitglieder souverän sind[403]. Wie im US-amerikanischen *International Organizations Immunities Act* genießen nur solche Internationale Organisationen Immunität, die von der britischen Königin als Internationale Organisationen mit Immunitätsstatus anerkannt sind. Danach müssen die Internationalen Organisationen Rechtspersönlichkeit besitzen[404] und durch ein innerstaatliches Gesetz, sog. Order, als solche anerkannt werden. Außerdem genießen sie nur so weit Immunität, wie es in der Anlage zum *International Organisations Act 1968* geregelt

---

399 Siehe dazu **3. Kapitel § 2. IV.** 1.

400 Title 1, *Section* 1 vom *International Organizations Immunities Act*, in: AJIL Supplement, Bd. 40, 1946, S. 85.

401 Gesetzestext, in: United Nations Juridical Yearbook 1968, S. 20 ff. und 1981, S. 5 ff.

402 *Section* 1 (1) (a) des International Organisations Act, in: United Nations Juridical Yearbook 1968, S. 20.

403 *Section* 1 (1) (b) des *International Organisations Act*, in: United Nations Juridical Yearbook 1968, S. 20.

404 *Section* 1 (2) (a) des *International Organisations Act*, in: United Nations Juridical Yearbook 1968, S. 20.

ist.[405] Die Bestimmungen dieses Gesetzes werden für einzelne Internationale Organisationen durch gesondert erlassene *Immunities and Privileges Orders* auf diese anwendbar.[406] Der *International Organisations Act 1968* bestimmt allerdings nicht Einzelheiten der Immunität für Internationale Organisationen, z. B. ob die gewährte Immunität widerrufen werden kann. Außerdem ist im *International Organisations Act 1968* nicht geregelt, ob die Internationalen Organisationen ausdrücklich auf die Immunität verzichten können. Der genaue Inhalt der Immunität Internationaler Organisationen wird oft in den für einzelne Internationale Organisationen gesondert erlassenen *Immunities and Privileges Orders* bestimmt.

In *Section* 1 (6) des *International Organisations Act* ist der Umfang der Immunität Internationaler Organisationen und ihres Personals geregelt. Der Umfang der Immunität ist nicht breiter als der Umfang der Immunität, die durch sonstige Vereinbarungen, an denen das Vereinigte Königreich teilnimmt, gewährt wird.[407] Außerdem genießen die Repräsentanten des Vereinigten Königreichs keine Immunität.[408]

Section 2 (1) enthält Regelungen in bezug auf die Sonderorganisationen der Vereinten Nationen, die ihren Sitz oder ihre Hauptgeschäftsstelle im Vereinigten Königreich haben. In *Section* 2 (1) werden die Bediensteten solcher Organisationen mit denen diplomatischer Einrichtungen gleichgestellt: „... on officers of the organisation who are recognised by Her Majesty's Government in the United Kingdom as holding a rank equivalent to that of a diplomatic agent“.[409] In *Section* 2 (2) wird die Befreiung von Einkommensteuer, Steuern auf Veräußerungsgewinne und Steuern auf Zinsen aufgrund des Artikel 34 der Wiener Konvention über diplomatische Beziehungen von 1961 geregelt.

---

405 *Section* 1 (2) (b) des *International Organisations Act*, in: United Nations Juridical Yearbook 1968, S. 20.

406 Vgl. *Section* 1 (1) des *International Organisations Act*; A. Verdross/B. Simma, Universelles Völkerrecht, 3. Aufl., 1984, S. 541; G. Marston, United Kingdom Materials on International Law, in: BYIL, Bd. 52, 1981, S. 390.

407 *Section* 1 (6) (a) des *International Organisations Act*, in: United Nations Juridical Yearbook 1968, S. 21.

408 *Section* 1 (6) (b) des *International Organisations Act*, in: United Nations Juridical Yearbook 1968, S. 21.

409 *Section* 2 (1) des *International Organisations Act*, in: United Nations Juridical Yearbook 1968, S. 21.

Section 4 dieses Gesetzes betrifft die (zwischenstaatlichen) Internationalen Organisationen, an denen das Vereinigte Königreich nicht teilnimmt. Die britische Königin soll die Rechtspersönlichkeit Internationaler Organisationen anerkennen und ihnen die Einkommensteuerfreiheit sowie die Befreiung von Steuern auf Veräußerungsgewinne bewilligen - und sie damit anderen souveränen Subjekten (Staaten und internationalen Organisationen) gleichstellen.

Der britische *International Organisations Act 1968* regelt insbesondere die Immunität für Richter, ihre Mitarbeiter und Beteiligte der Prozesse internationaler Gerichte[410] und für die Teilnehmer an internationalen Kongressen[411]. Die Immunität der internationalen Gerichte beruht auf Vereinbarungen, an denen das Vereinigte Königreich beteiligt ist oder auf Entscheidungen der Generalversammlung der Vereinten Nationen.[412]

Section 6 ist auf Kongresse anwendbar, an denen das Vereinigte Königreich sowie andere souveräne Staaten teilnehmen und die im Vereinigten Königreich stattfinden. Laut *Section* 6 genießen die an den Konferenzen beteiligten Personen ebenfalls Immunität wie in Teil II der Anlage 1 dieses Gesetzes geregelt ist.[413]

Nach dem Hauptteil des Gesetzes wird der Inhalt der Immunität detailliert in der Anlage geregelt. Aufgrund von Teil I 1. der Anlage 1 genießen Internationale Organisationen vor der britischen Gerichtsbarkeit Immunität. So wie in den anderen Immunitätsbestimmungen festgeschrieben ist, sind die offiziellen Archive und Gebäude der Internationalen Organisationen unverletzlich.[414] Internationale Organisationen sind befreit von Zollbestimmungen und Steuern bei der Einfuhr derjenigen Sachen, welche die Internationalen Organisationen für ihre öffentliche Aufgabenerfüllung benötigen.[415]

---

410 *Section* 5 (2) des *International Organisations Act*, in: United Nations Juridical Yearbook 1968, S. 22.

411 *Section* 6 des *International Organisations Act*, in: United Nations Juridical Yearbook 1968, S. 23.

412 *Section* 5 (1) (a) und (b) des *International Organisations Act*, in: United Nations Juridical Yearbook 1968, S. 22.

413 Teil II der Anlage 1 des *International Organisations Act*, in: United Nations Juridical Yearbook 1968, S. 26.

414 Teil I 2. der Anlage 1 des *International Organisations Act*, in: United Nations Juridical Yearbook 1968, S. 25.

415 Teil I 4. des *International Organisations Act*, in: United Nations Juridical Yearbook 1968, S. 25.

In Teil II der Anlage 1 ist die Immunität der Vertreter der Mitgliedstaaten, Funktionäre und sonstigen für Internationale Organisationen tätigen Experten geregelt. Die Immunität dieser Personen entspricht derjenigen, die den Missionschefs der diplomatischen Einrichtungen gewährt wird: Z. B. genießen sie so Immunität von der Gerichtsbarkeit, Unverletzbarkeit des Gebäudes und Befreiung von Steuern.[416] Wie es auch das entsprechende US-amerikanische Gesetz vorsieht, sind solche Personen auch von Sozialversicherungsabgaben befreit.[417]

Den sonstigen Mitarbeitern Internationaler Organisationen wird Immunität von der Gerichtsbarkeit nur gewährt, soweit die betreffenden Gerichtsverfahren mit der Ausübung ihrer offiziellen Pflichten in Zusammenhang stehen.[418] Deshalb ist auch ihr Einkommen, welches sie von den Internationalen Organisationen erhalten, von der Einkommensteuer befreit.[419]

Viele internationale Rohstofforganisationen haben ihren Hauptsitz in London, z. B. der Internationale Kaffeerat, der Internationale Kakaorat, der Internationale Weizenrat, der Internationale Zuckerrat oder der ehemalige Internationale Zinnrat. Dem *International Organisations Act* wurden am 15. April 1981 in *Section* 4 A auch Bestimmungen über die Immunität internationaler Rohstofforganisationen hinzugefügt.

Als internationale Rohstofforganisationen im Sinne dieser Bestimmungen sind nur solche Internationalen Organisationen zu verstehen, an denen das Vereinigte Königreich nicht teilnimmt.[420] Als Subjekt dieses Gesetzes muß die entsprechende internationale Rohstofforganisation folgende Voraussetzungen erfüllen: Erstens müssen alle Beteiligten der Rohstofforganisation Staaten (bzw. Regierungen) sein, die einen bestimmten Rohstoff herstellen oder konsumie-

---

416 Teil II 9. der Anlage 1 des *International Organisations Act*, in: United Nations Juridical Yearbook 1968, S. 26.

417 Teil II 13. der Anlage 1 des *International Organisations Act*, in: United Nations Juridical Yearbook 1968, S. 26.

418 Teil III 14. der Anlage 1 des *International Organisations Act*, in: United Nations Juridical Yearbook 1968, S. 26.

419 Teil III 15. der Anlage 1 des *International Organisations Act*, in: United Nations Juridical Yearbook 1968, S. 26.

420 *Section* 4 A (1) des *International Organisations Act*, in: United Nations Juridical Yearbook 1981, S. 5.

ren.[421] Zweitens sollen die Einfuhrmenge des Rohstoffs, die die Mitgliedstaaten der Organisation importieren, und die Exportmenge des Rohstoffs, die die Mitgliedstaaten der Organisation exportieren, einen erheblichen Teil der gesamten Einfuhr- und Exportmenge des Rohstoffs in der Welt darstellen.[422] Drittens soll der Zweck einer internationalen Rohstofforganisation die Regulierung des Handels des entsprechenden Rohstoffs (hinsichtlich seines Exports, seiner Einfuhr oder von beidem)[423] oder die Forschung in bezug auf den Rohstoff sein (Verwendung oder weitere Entwicklung des Rohstoffs).[424]

Die Bestimmungen des vorgenannten Gesetzes über internationale Rohstofforganisationen regeln jedoch nicht die Immunität von der Gerichtsbarkeit für diese Organisationen.[425] Allerdings genießen die Rohstofforganisationen, die im Vereinigten Königreich ihren Sitz haben, gemäß der für sie jeweils erlassenen Order umfassende Immunität (außer bei Verkehrsstreitigkeiten).[426] Den internationalen Rohstofforganisationen wird die Unverletzbarkeit ihres Archivs und ihrer Gebäude[427] sowie die Befreiung von verschiedenen Steuern gewährt.

---

421 *Section* 4A (1) (a) des *International Organisations Act*, in: United Nations Juridical Yearbook 1981, S. 5.

422 *Section* 4A (1) (b) des *International Organisations Act*, in: United Nations Juridical Yearbook 1981, S. 5.

423 *Section* 4A (1) (c) (i) des *International Organisations Act*, in: United Nations Juridical Yearbook 1981, S. 5.

424 *Section* 4A (1) (c) (ii) des *International Organisations Act*, in: United Nations Juridical Yearbook 1981, S. 5.

425 Vgl. *Section* 4A (2) (a) des *International Organisations Act*, in: United Nations Juridical Yearbook 1981, S. 5. Die Immunität von der britischen Gerichtsbarkeit für Repräsentanten der Organisationen oder der Mitgliedstaaten, Mitglieder der Kommission der Organisationen usw. ist ausdrücklich in *Section* 4A (b) ff. geregelt.

426 Ziffer 6 I der *The International Coffee Organisation (Immunities and Privileges) Order 1969*, vom 23. Mai 1969, S. I. 1969 Nr. 733 in der Fassung S. I. 1975 Nr. 1209; der *The International Cocoa Organisation (Immunities and Privileges) Order 1975*, vom 18. März 1975, S. I. 1975 Nr. 411 in der Fassung S. I. 1975 Nr. 1209; der *The International Tin Council (Immunities and Privileges) Order 1972*, vom 4. Februar 1972, S. I. 1972 Nr. 120 in der Fassung S. I. 1975 Nr. 1209; der *The International Sugar Organisation (Immunities and Privileges) Order 1969*, vom 23. Mai 1969, S. I. 1969 Nr. 734 in der Fassung S. I. 1975 Nr. 1209.

427 Part I 2. der Anlage 1 des *International Organisations Act*, in: United Nations Juridical Yearbook 1968, S. 25.

b) Rechtsprechung des Vereinigten Königreichs

aa) Internationaler Zinnrat

Hauptsitz oder Geschäftsstelle zahlreicher Internationalen Organisationen, insbesondere internationaler Rohstofforganisationen, befinden sich in London. Man könnte daher meinen, daß bereits zahlreiche Klagen gegen solche Internationale Organisationen im Vereinigten Königreich erhoben wurden. Allerdings ist dies nicht der Fall. Ein gutes Beispiel für die Immunitätsgewährung an eine Internationale Organisation wären die zahlreichen Klagen in bezug auf den im Jahr 1985 untergegangenen Internationalen Zinnrat gewesen. Da die Kläger nicht direkt gegen die Internationale Organisation geklagt haben, wurde aber die Immunität des Internationalen Zinnrats kaum erörtert.[428]

bb) Mukoro v. European Bank for Reconstruction and Development and Another (Entscheidung vom Employment Appeal Tribunal vom 19. Mai 1994)

Im folgenden sei ein arbeitsrechtlicher Fall als Beispiel erwähnt. Dabei wurde das Vorliegen des Begriffs *official activities* (= amtliche Tätigkeiten) im Zusammenhang mit dem Umfang der Immunität Internationaler Organisationen vor Gericht bestritten.

Die Europäische Wiederaufbaubank wurde im Mai 1990 von mehr als 40 Staaten und Internationalen Organisationen gegründet.[429] Diese Bank hat ihren Hauptsitz in London. Zwischen der Regierung des Vereinigten Königreichs und dieser Bank wurde am 15. April 1991 ein Sitzabkommen geschlossen. Um das *International Organisations Act 1968* für die Europäische Wiederaufbaubank anzuwenden, wurde die *European Bank for Reconstruction and Development (Immunities and Privileges) Order 1991* (im folgenden *Order* 1991) erlassen.[430]

---

428 Vgl. C. Greenwood, Put not Your Trust in Princes: The Tin Council Appeals, in: The Cambridge Law Journal, Bd. 48, 1989, S. 46 ff.; C. Greenwood, The Tin Council Litigation in the House of Lords, in: The Cambridge Law Journal, Bd. 49, 1990, S. 8 ff.; I. Seidl-Hohenveldern, Piercing the Corporate Veil of International Organizations: The International Tin Council Case in the English Court of Appeals, in: German Yearbook of International Law, Bd. 32, 1989, S. 43 ff.

429 Übereinkommen zur Errichtung der Europäischen Bank für Wiederaufbau und Entwicklung vom 29. 5. 1990, in: BGBl. 1991 II, S. 183 ff.

430 Genauer, in: ILR, Bd. 107, 1997, S. 604 ff.

Der Kläger bewarb sich um eine Stelle bei der Bank. Die Bank stellte ihn jedoch nicht ein. Folglich erhob der Kläger eine Klage gegen die Bank und den Mitarbeiter der Personalabteilung wegen Diskriminierung.

In der ersten Instanz beim *industrial tribunal* wurde am 14. September 1992 die Klage aufgrund der Immunität der Bank und ihres Mitarbeiters abgewiesen.[431] Das *Employment Appeal Tribunal* wies die Klage am 19. Mai 1994 ebenfalls ab. Im Verfahren war fraglich, ob die Einstellung des Mitarbeiters durch die betreffende Bank zu den *official activities* (= amtliche Tätigkeiten) zählt. Gemäß Artikel 5 (2) der *Order* 1991 genießt die Bank Immunität von der Gerichtsbarkeit und anderen juristischen Verfahren für ihre amtlichen Tätigkeiten.

Das *Employment Appeal Tribunal* betonte in seinem Urteil, daß die Anwendung der Immunität sorgfältig analysiert werden müsse. Das interne Beschwerdeverfahren der Internationalen Organisation könne nur für Klagen ihrer Mitarbeiter angewendet werden, so daß den sonstigen Personen, die mit einer Internationalen Organisation Streitigkeiten haben, kein Rechtsschutz gewährleistet werden könne, wenn der Internationalen Organisation Immunität gewährt werde.[432]

Das Tribunal klärte den Umfang der amtlichen Tätigkeiten, für die die Europäische Wiederaufbaubank Immunität genießt. Zu den amtlichen Tätigkeiten zählen danach alle Tätigkeiten aufgrund der Bestimmungen des Gründungsvertrags der Bank, so daß die Exekutiv-Aktivitäten der Bank den amtlichen Tätigkeiten gleichgestellt werden können. Das Tribunal bestätigte, daß die Auswahl der Mitarbeiter der Europäischen Wiederaufbaubank zu den Exekutiv-Tätigkeiten gehört, welche in der Vereinbarung über die Gründung der Bank geregelt sind und welche zur Erfüllung ihres Zwecks und ihrer Aufgaben beitragen.[433] Somit wurde die Klage wegen der Immunität der Bank und ihres Mitarbeiters abgewiesen.[434]

---

[431] Genauer, in: ILR, Bd. 107, 1997, S. 605.

[432] Genauer, in: ILR, Bd. 107, 1997, S. 610.

[433] Genauer, in: ILR, Bd. 107, 1997, S. 612.

[434] Vgl. „*Bertolucci v. European Bank for Reconstruction and Development and others*"-Fall, *Employment Appeal Tribunal*, 19. August 1997, siehe A. Reinisch, International Organizations Before National Courts, 2000, S. 208.

c) *Zwischenergebnis*

Im Vereinigten Königreich genießen Internationale Organisationen Immunität in breitem Umfang aufgrund der Gesetze, die für die jeweiligen Internationalen Organisationen erlassen wurden. Für die Sicherung der Unabhängigkeit Internationaler Organisationen ist die Immunität wichtig. Wenn die Internationalen Organisationen wirtschaftlich tätig sind, soll eine Schiedsklausel mit den Vertragspartnern abgeschlossen werden, so daß der Rechtsschutz für den Geschäftspartner der betreffenden Internationalen Organisationen gesichert wird.[435]

3. ***Bundesrepublik Deutschland***

a) *Die innerstaatliche Gesetzesbestimmung der Bundesrepublik Deutschland*

Durch die Erweiterung der internationalen Zusammenarbeit hat die Zahl der internationalen Organisationen, welche in der Bundesrepublik Deutschland ihren Hauptsitz[436] oder eine Dienststelle[437] haben, zugenommen. Die in der Bundesrepublik Deutschland ansässigen Internationalen Organisationen werden vor innerstaatlichen Gerichten verklagt. Dabei ist zu berücksichtigen, welche vertraglichen Abreden es zur Lösung von Streitigkeiten zwischen Internationalen Organisationen in der Bundesrepublik Deutschland gibt. In Deutschland gibt es keine innerstaatlichen Gesetze, welche die Frage der Immunität von Internationalen Organisationen regeln. Vielmehr wird, wie in bezug auf die Staatenimmunität schon erwähnt wurde,[438] die Zuständigkeit der Gerichte nach Artikel 20 GVG entschieden.

---

[435] I. Seidl-Hohenveldern, Piercing the Corporate Veil of International Organizations: The International Tin Council Case in the English Court of Appeals, in: German Yearbook of International Law, Bd. 32, 1989, S. 53.

[436] Neue Beispiele sind der Internationale Seegerichthof in Hamburg oder die Europäische Zentralbank in Frankfurt am Main.

[437] Als Beispiele sind unter anderem die Eurocontrol, Europäische Weltraumorganisation und die Europäische Schule zu nennen.

[438] Siehe **2. Kapitel § 3. III.** 3.

b) *Rechtsprechung der Bundesrepublik Deutschland*

In Deutschland wurde mehrmals Klage gegen Eurocontrol in bezug auf dienstrechtliche Fragen[439] oder Gebührenauseinandersetzungen[440] erhoben. Nach ihrem Gründungsvertrag, dem sog. Internationalen Übereinkommen über Zusammenarbeit zur Sicherung der Luftfahrt „EUROCONTROL“[441] (im folgenden Eurocontrol-Vertrag), ist Eurocontrol eine Internationale Organisation, die für Flugsicherung im oberen Luftraum tätig ist.[442] Eurocontrol hat ihren Sitz in Brüssel.[443] Sie besitzt eigene Rechtspersönlichkeit in den Vertragsstaaten[444]. Sie hat die *Kommission* als oberstes Organ und die *Agents* (Agenturen) als Exekutiv-Organ.[445]

aa) *Eurocontrol: Arbeitsverhältnis Fall I*

Als Beispiel einer arbeitsrechtlichen Klage gegen Eurocontrol in der Bundesrepublik Deutschland ist eine Entscheidung des Verwaltungsgerichtshofs Mannheim vom 7. August 1979 zu nennen.[446] Der Kläger war seit 1. September 1974 als Programmierer von Eurocontrol in der Dienststelle Karlsruhe beschäftigt. Laut einer Vereinbarung vom 10. August 1974, die als Anstellungsschreiben bezeichnet wurde, sollte die Anstellung für fünf Jahre erfolgen. Mit Schreiben vom 31. März 1976 wurde er vom Generaldirektor der Agentur als *permanent official* in ein festes Arbeitsverhältnis übernommen. In dieser Ernennungsurkunde wurde auch vorgesehen, daß das Beschäftigungsverhältnis auf fünf Jahre (mit Wirkung vom 1. September 1974) befristet ist.

Am 21. Februar 1979 erhob der Kläger Klage gegen Eurocontrol beim Verwaltungsgericht Karlsruhe. Er stellte den Antrag festzustellen, daß sein Beschäftigungsvertrag mit dem Beklagten (Eurocontrol) nicht zum 31. August 1979 ende und der Beklagte den Kläger in gleicher oder ähnlicher Dienststellung zu beschäftigen habe. Außerdem stellte der Kläger einen Antrag auf Erlaß einer einstweiligen Anordnung, daß die Agentur der Eurocontrol den Kläger über den

439 BVerfG, Beschluß vom 10. November 1981, in: NJW 1982, S. 512 ff.
440 BVerfG, Beschluß vom 23. Juni 1981, in: NJW 1982, S. 507 ff.
441 BGBl. 1984 II, S. 69 ff.
442 Artikel 11 des Eurocontrol-Vertrags.
443 Artikel 1 III des Eurocontrol-Vertrags.
444 Artikel 4 des Eurocontrol-Vertrags.
445 Artikel 1 II des Eurocontrol-Vertrags.
446 VGH Mannheim, Beschluß vom 7. August 1979, in: NJW 1980, S. 540 f.

31. August 1979 hinaus bis zur rechtskräftigen Entscheidung der Hauptsache in gleicher oder ähnlicher Weise wie bisher zu beschäftigen habe oder daß sie ihm hilfsweise seine bisherigen Bezüge über den 31. August 1979 hinaus in vollem Umfang, mindestens aber in Höhe von zwei Dritteln, weiterzuzahlen habe.

Der Antrag hinsichtlich der einstweiligen Anordnung wurde am 7. August 1979 vom Verwaltungsgerichtshof Mannheim zurückgewiesen.[447] Als Grund für die Zurückweisung des Antrags nannte der Verwaltungsgerichtshof, daß der Rechtsstreit nicht der Gerichtsbarkeit der Bundesrepublik Deutschland unterliege.[448] Der Verwaltungsgerichtshof bestätigte, daß Eurocontrol als Internationale Organisation durch völkerrechtliche Vereinbarung, den sog. Eurocontrol-Vertrag, eigene Rechtspersönlichkeit besitze[449] und daß Eurocontrol bestimmte Hoheitsrechte im Bereich der Flugsicherung eingeräumt seien.[450] Im Eurocontrol-Vertrag ist nicht ausdrücklich geregelt, daß Eurocontrol der inländischen Gerichtsbarkeit entzogen wird. Der Verwaltungsgerichtshof hat jedoch nicht aufgrund gewohnheitsrechtlicher Völkerrechtsregeln die Gerichtsimmunität für Eurocontrol bejaht, sondern aufgrund von Artikel 14 I der Satzung der Agentur[451], die als Anlage dem Eurocontrol-Vertrag beigefügt wurde.[452] Artikel 14 I der Satzung der Agentur lautet: Der Ausschuß arbeitet ein für die inneren Zwecke der Agentur bestimmtes Personalstatut aus; dieses hat insbesondere Bestimmungen über die Staatsangehörigkeit des Personals, die Gehaltsstufen, die Unvereinbarkeit von Ämtern, das Amtsgeheimnis, die Stetigkeit des Dienstes und die Bevollmächtigung vorzusehen und jede Tätigkeit festzulegen, die ohne besondere Genehmigung des Direktors nicht gleichzeitig mit einer anderen wahrgenommen werden kann. Somit unterliegt das Personal einheitlichem Dienstrecht. Wenn das Dienstverhältnis von verschiedenen innerstaatlichen Gerichten unterschiedlich beurteilt würde, könne der verfolgte Zweck des einheitlichen Dienstrechts nicht erreicht werden. Deshalb dürfte die Ermächtigung aufgrund Artikel 14 I der Satzung der Agentur die Befugnis einschließen, hinsichtlich der Rechtsverhältnisse der Bediensteten eine gerichtliche Kontrolle durch eine einzige Gerichtsbarkeit vorzusehen.[453]

---

447 NJW 1980, S. 540 f.
448 NJW 1980, S. 541.
449 Artikel 4 des Eurocontrol-Vertrags.
450 Vgl. BVerwGE 54, S. 291.
451 BGBl. 1962 II, S. 2302 ff.
452 NJW 1980, S. 541.
453 VGH Mannheim, Beschluß vom 7. August 1979, in: NJW 1980, S. 541.

Nach Auffassung des Verwaltungsgerichtshofs haben die Bundesrepublik Deutschland und andere Mitgliedstaaten durch die Möglichkeit, autonome Regelungen zu treffen, auf ihre nationale Kontrolle hinsichtlich dienstrechtlicher Fragen verzichtet, so daß Eurocontrol autonome Hoheitsgewalt in bezug auf ihr Dienstrecht nach Artikel 14 I der Satzung der Agentur besitzt.[454] Mit einziger Gerichtsbarkeit über dienstrechtliche Streitigkeiten mit Bediensteten hat Eurocontrol kraft ihres eigenständigen (sekundären) zwischenstaatlichen Rechts den Verwaltungsgerichtshof der Internationalen Arbeitsorganisation in Genf betraut.[455]

Der Verwaltungsgerichtshof Mannheim erwähnte, daß die Zuweisung an den Verwaltungsgerichtshof der Internationalen Arbeitsorganisation in Genf nach verfassungsrechtlicher Ansicht unbedenklich sei und daß es nicht zu erkennen sei, daß das Recht aufgrund des Artikel 19 Absatz 4 des Grundgesetzes beeinträchtigt werde. Der Verwaltungsgerichtshof der Internationalen Arbeitsorganisation in Genf genüge rechtsstaatlichen Anforderungen. Demzufolge urteilte der Verwaltungsgerichtshof Mannheim, daß der Rechtsstreit von der Befreiung von der deutschen Gerichtsbarkeit erfaßt werde.[456]

bb) Eurocontrol: Arbeitsverhältnis Fall II

Der Kläger des oben genannten Falls klagte weiter vor dem Bundesverfassungsgericht.[457] Der Kläger berief sich auf eine Verletzung der Artikel 3 Absatz 1 und 19 Absatz 4 des Grundgesetzes und vertrat die Auffassung, daß ihm aufgrund der deutschen Verfassung die Möglichkeit eingeräumt werden müsse, den Rechtsweg zu den deutschen Verwaltungsgerichten zu beschreiten.

Diese Verfassungsbeschwerde wurde zurückgewiesen, und das Bundesverfassungsgericht warf das Problem auf, ob eine allgemeine Regel des Völkerrechts bestehe, wonach Internationale Organisationen in bezug auf dienstrechtliche Streitigkeiten der innerstaatlichen Gerichtsbarkeit nicht unterworfen seien. Das Bundesverfassungsgericht entschied, daß das Fehlen der Gerichtsbarkeit der Bundesrepublik Deutschland sich schon aus den Bestimmungen des Eurocon-

---

454 NJW 1980, S. 541.

455 Vgl. Artikel 92 f. des Verwaltungsstatuts des fest angestellten Personals der Agentur und Artikel 91 f. der Allgemeinen Beschäftigungsbedingungen für die Bediensteten der Eurocontrol-Zentrale Maastricht, in: NJW 1980, S. 541.

456 NJW 1980, S. 542.

457 BVerfG, Beschluß vom 10. November 1981, in: NJW 1982, S. 512 ff.

trol-Vertrags und des internen Dienstrechts der Organisation ergebe. Damit stellte das Bundesverfassungsgericht fest, daß es keine Verletzung von Verfassungs wegen in diesem Fall gebe.[458]

cc) Leiharbeitnehmer der Europäischen Weltraumorganisation

In diesem Fall wurde bestritten, daß das Arbeitnehmerüberlassungsgesetz (im folgenden AÜG) der Bundesrepublik Deutschland das Arbeitsverhältnis zwischen einer Internationalen Organisation und ihren „Bediensteten" regelt.[459]

Kläger sind britische Staatsangehörige. Sie waren als Computerspezialisten und Systemprogrammierer in einer Abteilung der Europäischen Weltraumorganisation (im folgenden EWO), im sog. Europäischen Operationszentrums für Weltraumforschung (im folgenden ESOC) in Darmstadt tätig. Das ESOC ist eine Einrichtung der EWO. Zwischen der Bundesrepublik Deutschland und der Europäischen Weltraumforschungsorganisation (im folgenden ESRO), einer vorläufigen Organisation der ESOC, wurde das Abkommen über das ESOC in bezug auf die ESOCs Einrichtung abgeschlossen.[460] Die Kläger waren immer sog. Leiharbeitnehmer des ESOCs, die allerdings von verschiedenen Verleihern für die Dienstleistung beim ESOC eingestellt wurden. Die Kläger waren trotz ihrer verschiedenen Verleiher immer an gleicher Stelle und mit gleicher Funktion beim ESOC tätig. Der letzte Verleiher der Kläger teilte den Klägern mit Schreiben vom 12. Oktober 1990 mit, daß der Vertrag zwischen ihm und der Firma N., die von Klägern aus steuerlichen Gründen gegründet wurde, am 31. Dezember 1990 auslaufe, ein weiterer Vertrag nicht abgeschlossen werde und deshalb die Zusammenarbeit zwischen den beiden Gesellschaften am 31. Dezember 1990 ende.

Die Kläger beantragten die Feststellung des Bestehens und Fortbestehens eines Arbeitsverhältnisses mit der EWO (im folgenden Beklagte). Die Beklagte beantragte, die Klage als unzulässig abzuweisen.

Die Kläger behaupteten, daß eine Arbeitnehmerüberlassung i. S. d. Artikel 1 § 1 AÜG vorgelegen habe. Als Gründe dafür nannten die Kläger die besonders engen Beziehungen mit der Beklagten, z. B. habe ihr Urlaub unmittelbar bei der Beklagten beantragt werden müssen, krankheitsbedingte Arbeitsunfähigkeit ha-

---

458 NJW 1982, S. 512 ff.

459 Bundesarbeitsgericht, 10. November 1993, in: IPRax 1995, S. 33 ff.

460 BGBl. 1969 II, S. 93 ff.

be nur der Beklagten, nicht aber den dazwischengeschalteten Firmen (Verleiher) mitgeteilt werden müssen usw. Somit behaupteten die Kläger, daß ein Arbeitsverhältnis zwischen ihnen und der EWO nach Artikel 1 § 10 Absatz 1 AÜG bestehe und daß dieses Arbeitsverhältnis nicht wirksam gekündigt worden sei. Nach Ansicht der Kläger sind sie Bedienstete der Beklagten, deshalb könne die Beklagte sich nicht auf die ihr im Gründungsübereinkommen[461] verliehene Immunität berufen, weil Artikel 6 Absatz 2 des ESOC-Abkommens[462] einen wirksamen Immunitätsverzicht in bezug auf dienstrechtliche Streitigkeiten mit den Bediensteten, die nicht unter der Zuständigkeit des Appeals Board der Organisation fallen, enthalte.[463]

Die Beklagte bezog sich auf die Immunität aufgrund Artikel 6 Absatz 2 des ESOC-Abkommens. In dem Artikel ist nicht der Immunitätsverzicht geregelt, sondern nur die Gerichtszuständigkeit. Die Beklagte vertrat die Auffassung, daß die Kläger keine Bediensteten i. S. d. Artikel 6 Absatz 2 des ESOC-Abkommens seien, so daß dieser Artikel nicht anwendbar sei.[464]

Das Arbeitsgericht Darmstadt wies die Klage am 10. April 1991 als unzulässig wegen der Immunität der EWO nach Artikel XV Absatz 2 des EWO-Gründungsabkommens vom 30. Mai 1975 und Artikel IV Absatz 1 seiner Anlage 1 ab.[465] Mit ähnlicher Begründung wies das Landesarbeitsgericht Frankfurt am Main am 20. Mai 1992 die Berufung gegen die Entscheidung des Arbeitsgerichts zurück.[466]

Auch in der Revision hatten die Kläger keinen Erfolg. Das Bundesarbeitsgericht entschied, daß die EWO nach Artikel XV Absatz 2 des EWO-Gründungsabkommens vom 30. Mai 1975[467] Immunität genieße, wie in Anlage 1 des EWO-Gründungsübereinkommens vorgesehen. Die EWO könne zwar auf ihre Immunität aufgrund des Beschlusses ihres Rates verzichten,[468] das habe sie aber nicht getan. Außerdem liege keine Ausnahme von der Immunität, wie sie in Artikel IV der Anlage 1 des EWO-Gründungsübereinkommens aufgeführt wird, vor.

---

461 BGBl. 1976 II, S. 1862 ff.
462 BGBl. 1969 II, S. 93 ff.
463 IPRax 1995, S. 34.
464 IPRax 1995, S. 33.
465 NJW 1999, S. 1173.
466 Vgl. IPRax 1995, S. 33.
467 BGBl. 1976 II, S. 1862 ff.
468 Artikel IV Absatz 1 Buchstabe a der Anlage, in: BGBl. 1976 II, S. 1862 ff.

Über Artikel 4 Absatz 2 des ESOC-Abkommens entschied das Bundesarbeitsgericht, daß dieser Artikel in diesem Fall nicht anwendbar sei, weil die Kläger nicht Bedienstete i. S. d. Artikel 6 Absatz 2 des ESOC-Abkommens waren. Damit unterliegt die EWO nicht der Gerichtsbarkeit der Bundesrepublik Deutschland. Hier erwähnte das Bundesarbeitsgericht die autonome Regelungs- und Entscheidungsbefugnis der Internationalen Organisation hinsichtlich ihrer Bediensteten[469] wie im oben geschilderten Fall des Bundesverfassungsgerichts[470]. Die EWO erließ bei ihrem Entstehen eine eigene Personalordnung. Nach der Personalordnung ist die Befugnis der Organisation dahingehend zu verstehen, daß, soweit diese Personalordnung nicht anwendbar ist, Artikel 6 Absatz 1 Satz 2 des ESOC-Abkommens in Frage kommt. Der Artikel bestimmt, daß sich „die Arbeitsbedingungen" der übrigen Bediensteten der Beklagten nach den Gesetzen der Bundesrepublik Deutschland richten.[471] Das Bundesarbeitsgericht entschied, daß Immunitätsgewährung nicht gegen das Grundgesetz verstößt. Die Rechtsschutzgarantie des Artikel 19 Absatz 4 des Grundgesetzes greife nicht ein, weil die Handlung der Beklagten keine Maßnahme der „öffentlichen Gewalt" im Sinne des Artikel 19 Absatz 4 des Grundgesetzes ist.[472] Nach Ansicht des Bundesarbeitsgerichts stehen auch keine fundamentalen Grundsätze des Verfassungsrechts der Bundesrepublik Deutschland der vorliegenden Immunitätsregelung entgegen. Das Bundesarbeitsgericht behauptete, daß die Personen, mit denen die Beklagte einen Arbeitsvertrag schließt, entweder in die Zuständigkeit des „*Appeals Board*" fallen, oder im Arbeitsvertrag ein Schiedsverfahren vorzusehen ist. Damit ist für die Bediensteten der Beklagten ein lükkenloser Rechtsschutz sichergestellt.[473]

Die Kläger klagten weiter vor dem Bundesverfassungsgericht, daß die Entscheidungen der Arbeitsgerichte gegen Artikel 19 Absatz 4 und Artikel 24 Absatz 1 des Grundgesetzes verstoße. Diese Klage ist jedoch am 11. Mai 1994 zurückgewiesen worden.[474]

Dieser Fall wurde weiter vor dem Europäischen Gerichtshof für Menschenrechte verhandelt. Der Gerichtshof stimmte auch den Entscheidungen der deut-

---

469 IPRax 1995, S. 35.
470 Vgl. BVerfGE 59, S. 87.
471 BGBl. 1969 II, S. 93 ff.
472 Vgl. BVerfGE 59, S. 85.
473 PRax 1995, S. 35.
474 NJW 1999, S. 1173.

schen innerstaatlichen Gerichte zu, weil die Kläger eine andere Möglichkeit hätten, gegen den Beklagten vorzugehen.[475]

dd) Europäische Schule

Laut Artikel 6 Satz 3 der Satzung der Europäischen Schule[476] genießen die Europäischen Schulen keine Immunität in der Bundesrepublik Deutschland. Allerdings sind die Europäischen Schulen nach der Rechtsprechung manchmal von der Gerichtsbarkeit in der Bundesrepublik Deutschland befreit.

Erster Fall: Eheleute N. und Antragsteller in vier weiteren Verfahren gegen die Europäische Schule München:

Die Kinder der Antragsteller besuchten die Europäische Schule München (im folgenden ESM). Die ESM teilte den Antragstellern mit Schreiben vom 27. Oktober 1988 mit, daß sie für das Schuljahr 1988/89 das Schulgeld innerhalb von zwei Wochen nach Erhalt des Schreibens zu zahlen hätten, das vom Obersten Schulrat der Europäischen Schule, dem höchsten Organ der gesamten Europäischen Schulen, festgesetzt wurde. Die Antragsteller erhoben Widersprüche, die allerdings zurückgewiesen wurden, da der Oberste Schulrat das Recht besitzt, das Schulgeld festzulegen.[477]

Die Antragsteller beantragten vor dem Verwaltungsgericht München, die aufschiebende Wirkung der Widersprüche gegen die Schulgeldbescheide vom 27. Oktober 1988 anzuordnen. Die Anträge der Antragsteller wurden durch die Beschlüsse vom 12. Dezember 1988 abgelehnt, und die Antragsteller verfolgten ihren Rechtsschutz weiter vor dem Bayerischen Verwaltungsgerichtshof.[478] Der Bayerische Verwaltungsgerichtshof hielt die Beschwerde für unbegründet.[479] In seinem Beschluß stellte er fest, daß die ESM unter die deutsche Gerichtsbarkeit falle, weil die Voraussetzungen für den Ausschluß der Gerichtsbarkeit der Bundesrepublik Deutschland, wie in Artikel 173 VwGO i. V. m. Artikel 20 Absatz 2 GVG genannt, in diesem Fall nicht erfüllt seien. Laut diesen Artikeln wird die

---

475 Der Europäische Gerichtshof für Menschenrechte (Große Kammer), Urteil vom 18. Februar 1999, in: NJW 1999, S. 1173 ff.

476 Artikel 6 Satz 3 der Satzung der Europäischen Schule lautet: ... Sie (Europäische Schule) ... kann vor Gericht klagen und verklagt werden, siehe in: BGBl. 1965 II, S. 1042.

477 Europarecht 1989, S. 360.

478 Europarecht 1989, S. 360.

479 7. Senat, 23. August 1989, 7 CS 89.80, in: BayVBl 1990, S. 469 ff.

ESM dann von der Gerichtsbarkeit der Bundesrepublik Deutschland befreit, wenn sie nach den allgemeinen Regeln des Völkerrechts oder aufgrund völkerrechtlicher Vereinbarungen hiervon befreit ist. Der Gerichtshof erkannte die ESM als eine rechtsfähige öffentliche Anstalt des zwischenstaatlichen Rechts an. Andererseits betonte der Gerichtshof die autonomen Befugnisse aufgrund der Bestimmung der Satzung der Europäischen Schule.[480] Hier ist nicht vorgesehen, daß die Europäische Schule durch die Staaten, in denen sie sich befinden, kontrolliert werde. Trotzdem stellte der Gerichtshof fest, daß die Europäischen Schulen nicht der Gerichtsbarkeit der Bundesrepublik Deutschland entzogen seien. Als Gründe dafür nannte der Gerichtshof die Präambel und Artikel 1 Absatz 1 Zusatzprotokoll[481] i. V. m. Artikel 3 Absatz 2 Gründungsprotokoll[482] und Artikel 6 Satz 3 der Satzung der Europäischen Schule[483]. Gemäß diesen Vorschriften könne die ESM vor Gericht klagen und verklagt werden. Nach Auffassung des Gerichtshofes unterwerfe sich die Europäische Schule der Gerichtsbarkeit des Landes ihres jeweiligen Sitzes.[484]

Zweiter Fall: Europäische Schule Karlsruhe:

Eine andere Klage richtete sich gegen die Europäische Schule Karlsruhe, die den gleichen Vorschriften wie oben unterliegt. Gegen sie wurde wegen des Gehalts eines Lehrers Klage erhoben. In erster Instanz war das Verwaltungsgericht Karlsruhe zuständig. Das Verwaltungsgericht wies die Klage gegen die Europäische Schule Karlsruhe mangels Zuständigkeit der deutschen Gerichtsbarkeit ab.[485] Das Bundesverwaltungsgericht erkannte wie beim oben genannten Urteil, daß die Europäische Schule gemäß Artikel 6 Satz 3 der Satzung der Europäischen Schule vor Gericht klagen und verklagt werden könne.[486] Dadurch bestätigte das Gericht, daß die Europäische Schule keine Immunität genieße. Allerdings wies das Gericht die Klage zurück, denn es stand keine deutsche Gerichtsbarkeit in bezug auf die dienstrechtlichen Fragen zwischen den Europäischen Schulen und ihren Lehrern fest. Das Gericht behauptete, daß die Europäische Schule autonome Regelungen hinsichtlich der dienstrechtlichen Streitig-

---

480 BayVBl 1990, S. 470.
481 BGBl. 1978 II, S. 993 ff.
482 BGBl. 1969 II, S. 1301 ff.
483 BGBl. 1965 II, S. 1041 ff.
484 BayVBl 1990, S. 470.
485 Siehe BVerwGE 91, S. 127.
486 Urteil vom 29. Oktober 1992, in: BVerwGE 91, S. 126 ff.

keiten nach Artikel 12 Ziffer 4 der Satzung der Europäischen Schule[487] besitze und solche Streitigkeiten durch ihre eigene Ordnung gelöst werden müßten.[488]

In diesem Fall wurde die innerstaatliche Gerichtsbarkeit aufgrund der autonomen Regeln der Organisation verneint.

ee) *Entscheidung von einem Schiedsgericht vom 29. Juni 1990 – Schiedsgericht zwischen der Bundesrepublik Deutschland und dem Europäischen Laboratorium für Molekularbiologie*[489]

In diesem Schiedsspruch wurde das Problem der Steuer- und Abgabenbefreiung des Europäischen Laboratoriums für Molekularbiologie (im folgenden EMBL) von der Bundesrepublik Deutschland behandelt. Fraglich war, ob der Betrieb des Gästehauses und der Kantine des EMBL sowie die Unterhaltung der Dienstwohnung des Generaldirektors als „amtliche" Tätigkeiten, die von der staatlichen Gewalt der Bundesrepublik Deutschland befreit sind, bezeichnet werden könnten.[490]

Zwischen der Bundesrepublik Deutschland und dem EMBL wurde eine Sitzstaatvereinbarung[491] aufgrund des Artikels XI des Übereinkommens zur Errichtung eines Europäischen Laboratoriums für Molekularbiologie[492] abgeschlossen. Diese Sitzstaatvereinbarung enthält die Vorschriften in bezug auf Privilegien und Immunitäten, die dem EMBL in der Bundesrepublik Deutschland zustehen. Aufgrund des Artikels 37 Absatz 1 der Sitzstaatvereinbarung wurde ein Schiedsgericht, das sich aus bedeutenden Völkerrechtlern zusammensetzt, gebildet.

---

487 BGBl. 1965 II, S. 1042.

488 BVerwGE 91, S. 129.

489 ILR, Bd. 105, 1997, S. 1 ff.; mehr zu den Streitigkeiten zwischen der Regierung der Bundesrepublik Deutschland und dem EMBL siehe bei K. Hailbronner, Völkerrechtliche und staatsrechtliche Aspekte fiskalischer Immunität im Sitzstaatabkommen des Europäischen Laboratoriums für Molekularbiologie, in: German Yearbook of International Law, Bd. 22, 1979, S. 313 ff.

490 ILR, Bd. 105, 1997, S. 6.

491 Sitzstaatvereinbarung zwischen der Regierung der Bundesrepublik Deutschland und dem Europäischen Laboratorium für Molekularbiologie, in: BGBl. 1975 II, S. 933 ff.

492 Übereinkommen zur Errichtung eines Europäischen Laboratoriums für Molekularbiologie, in: BGBl. 1973 II, S. 1005 ff.

Nach Auffassung des Schiedsgerichts ist der entscheidende Punkt bei der Beantwortung der Frage, welche Tätigkeiten Internationaler Organisationen amtliche sind, ob die entsprechende Tätigkeit dem Zweck der Internationalen Organisation dient oder nicht.[493] Diese Auffassung beruht auf mehreren Vorschriften über die Immunität Internationaler Organisationen. Als Beispiel ist Artikel 8 der Sitzstaatvereinbarung des EMBL zu nennen. Nach diesem Artikel werden die Waren, die von dem EMBL ein- oder ausgeführt werden und die für seine amtlichen Tätigkeiten unbedingt erforderlich sind, von allen Zöllen und sonstigen Abgaben befreit.[494]

Nach Ansicht des Schiedsgerichts besteht keine amtliche Tätigkeit, wenn die Organisation Verpflegung und Wohnung gegen Bezahlung bereitstelle, weil die Gewinnannahme nicht zu den in ihrer Satzung festgestellten Aufgaben der Organisation gehöre. Allerdings kann dies im Einzelfall anders sein. Beispielsweise wurde die Durchführung wissenschaftlicher Veranstaltungen, von Kursen, Seminaren und dergleichen als amtliche Tätigkeit des EMBL anerkannt. Auch die im Rahmen solcher Veranstaltungen erfolgende Bereitstellung von Verpflegungs- und Wohnmöglichkeiten an die Teilnehmer sind amtlich, weil „ohne eine solche Bereitstellung ... die Organisation dieser Veranstaltungen erschwert" und „der Ablauf solcher Veranstaltungen behindert" würde.[495] Wenn das EMBL seinem Personal Verpflegung und Wohnraum zur Verfügung stelle, werde diese Tätigkeit auch als amtlich anerkannt.[496]

Hier ist der Unterschied zwischen Staatenimmunität und Immunität Internationaler Organisationen zu erkennen. Bei der Staatenimmunität werden die Beschaffungsgeschäfte nicht als amtliche oder hoheitliche Tätigkeiten anerkannt, allerdings können unter dem Begriff Immunität Internationaler Organisationen auch solche Beschaffungsgeschäfte als amtliche Tätigkeiten verstanden werden.

---

493 ILR, Bd. 105, 1997, S. 42.

494 Artikel 8 der Sitzstaatvereinbarung zwischen der Regierung der Bundesrepublik Deutschland und dem Europäischen Laboratorium für Molekularbiologie, in: BGBl. 1975 II, S. 938; als weitere Beispiele sind Artikel 17 des Protokolls über die Vorrechte und Immunitäten der Europäischen Organisation für Astronomische Forschung in der Südlichen Hemisphäre (ESO), in: BGBl. 1975 II, S. 933 und Artikel 3 IV des Protokolls über die Vorrechte und Immunitäten der Europäischen Patentorganisation, in: BGBl. 1976 II. S. 649, 838, 985, zu nennen.

495 Zitiert von H. P. Kunz-Hallstein, Privilegien und Immunitäten internationaler Organisationen im Bereich nicht hoheitliche Privatrechtsgeschäfte, in: NJW 1992, S. 3072.

496 ILR, Bd. 105, 1997, S. 43 ff.

Dieser breite Bereich der Immunität Internationaler Organisationen könnte die Vertragspartner der Internationalen Organisationen wegen des Fehlens ihres Rechtsschutzes erheblich gefährden. Hinsichtlich des EMBL können die Beschaffungsverträge ohne Vereinbarung einer Schiedsklausel nicht abgeschlossen werden.[497]

c) Zwischenergebnis

Die Stellungnahmen der innerstaatlichen Gerichte der Bundesrepublik Deutschland zu der Frage der Immunität Internationaler Organisationen sind vielseitig. Im wesentlichen lassen sie vier Merkmale erkennen.

Grundlage der deutschen Rechtsprechung ist zunächst, daß eine ausdrückliche Regelung bezüglich der Gerichtsbarkeit im Gründungsvertrag selbst oder in einer sonstigen Vereinbarung zwischen den Mitgliedstaaten einer Internationalen Organisation einen Verzicht auf die Zuständigkeit nationaler Gerichte zur Folge haben kann, wie im Eurocontrol Gebühren-Fall[498] entschieden wurde.

Als zweites Prinzip läßt sich herausarbeiten, daß die Unabhängigkeit Internationaler Organisationen und ein einheitliches Dienstrecht Internationaler Organisationen respektiert werden. Um die Autorität Internationaler Organisationen zu schützen, üben die deutschen Gerichte im Bereich dienstrechtlicher Streitigkeiten keine Gerichtsbarkeit aus. Der Bayerische Verwaltungsgerichtshof hat im Fall Europäische Schule München zunächst anerkannt, daß die Europäische Schule München nach ihren Vorschriften[499] vor Gericht klagen und verklagt werden kann,[500] d. h. die Klage in bezug auf Schulgeld müßte oder könnte von dem innerstaatlichen Gericht entschieden werden. Allerdings urteilte der Gerichtshof, daß die Europäische Schule München teilweise nicht der deutschen

---

497 Artikel 6 I c) der Sitzstaatvereinbarung zwischen der Regierung der Bundesrepublik Deutschland und dem Europäischen Laboratorium für Molekularbiologie, in: BGBl. 1975 II, S. 933 ff.

498 BVerfG, Beschluß vom 23. Juni 1981, in: BVerfGE 58, S. 42. In diesem Fall erhoben die Flugtouristikunternehmen die Klage gegen Eurocontrol gegen die Gebührenforderung in bezug auf Luftverkehrs-Sicherungsdienste, die Eurocontrol von den Unternehmen verlangt hatte.

499 Präambel und Artikel 1 Absatz 1 Zusatzprotokoll in: BGBl. 1969 II, S. 1301.

500 BayVBl 1990, S. 470.

Gerichtsbarkeit unterliege, weil die Befugnis ihres internen Organs, des Obersten Schulrats, respektiert werden müsse.[501]

Diese Ansicht, wonach die autonomen Befugnisse der Internationalen Organisationen für wichtig gehalten werden, spiegelt auch der Beschluß des Schiedsgerichts in bezug auf Beschaffungsgeschäfte zwischen der Regierung der Bundesrepublik Deutschland und dem EMBL wider.[502] Die Unabhängigkeit Internationaler Organisationen ist wichtig, damit diese ihre Aufgaben reibungslos durchführen und ihre Ziele erreichen können.

Allerdings ist zu bedenken, wie die Fragen der Beschaffungsgeschäfte gelöst werden können. Die Internationalen Organisationen können sich nicht alles selbst beschaffen. Als Beispiele sind der Kauf von Büromaterial und die Einstellung von Leiharbeitern zu nennen. In diesem Fall ist fraglich, ob hier ausschließlich die internen Vorschriften der Organisationen gelten oder ob die staatlichen Gerichte zuständig sind. Es könnte sein, daß sich sowohl die staatlichen Gerichte als auch die Schiedsgerichte der Organisationen für unzuständig erklären.

Hier besteht die Gefahr, daß überhaupt kein Gericht zuständig wäre, was eine bedenkliche Lücke des Rechtsschutzes zur Folge haben könnte. Um eine Lücke des Rechtsschutzes zu vermeiden, existieren mehrere Möglichkeiten, die Auseinandersetzungen zwischen den Internationalen Organisationen und den Privatpersonen zu lösen. Als Beispiele sind zu nennen: interne organisationseigene Verfahren, internationaler Verwaltungsgerichtshof der *ILO* oder internationale Schiedsgerichte. Trotzdem könnte es Fälle geben, die nirgendwo geregelt sind. Dann wird fraglich, wie der Rechtsschutz für die einzelne Privatperson realisiert werden soll. Denkbar ist, daß in diesen Fällen letztlich doch die nationale Gerichtsbarkeit Anwendung findet.

Das einheitliche Dienstrecht war im Fall Europäische Schule Karlsruhe Gegenstand der Entscheidung. Bei den Urteilen bezüglich der Europäischen Schulen sieht man die Unsicherheit der deutschen Gerichte hinsichtlich der Frage der Immunität Internationaler Organisationen. Nach den Gründungsverträgen und sonstigen Vereinbarungen genießen die Europäischen Schulen keine ausdrückliche Immunität vor nationalen Gerichten. Trotzdem wurde die Wichtigkeit des

---

501 BayVBl 1990, S. 471.

502 ILR, Bd. 105, 1997, S. 1 ff.

einheitlichen Dienstrechts der Europäischen Schulen vom Bundesverfassungsgericht betont[503] und die Zuständigkeit der innerstaatlichen Gerichtsbarkeit verneint.

Bemerkenswert ist, daß die Klage bereits mehrfach dem Bundesverfassungsgericht vorgelegen hat. Gerügt wurde seitens der Kläger, daß die fehlende Gerichtsbarkeit deutscher Gerichte einen Verstoß gegen den Justizgewährleistungsanspruch gemäß Artikel 19 Absatz 4 des Grundgesetzes darstelle. So untersuchte das Bundesverfassungsgericht in bezug auf eine arbeitsrechtliche Klage gegen Eurocontrol, ob die Entscheidungen der vorherigen Instanzen nicht gegen Artikel 19 Absatz 4 des Grundgesetzes verstoßen. Die Frage war, ob trotz der Immunität Internationaler Organisation für die Kläger genügender Rechtsschutz gewährleistet wird. Meistens existieren die oben genannten Möglichkeiten, ein besonderes Schiedsverfahren gegen die Internationalen Organisationen einzuleiten, da zahlreiche Internationale Organisationen ihre eigenen internen Schiedsgerichte besitzen. Das Bundesverfassungsgericht hat in solchen anderen Rechtsschutzmöglichkeiten hinreichende Rechtsschutzmöglichkeiten gesehen, so daß eine Verletzung vom Artikel 19 Absatz 4 des Grundgesetzes nicht gegeben sei. Es stellt sich die Frage, wie ein Fall zu entscheiden wäre, in dem eine solche hinreichende andere Verfahrensart nicht geregelt ist. Diese Frage wurde noch nicht entschieden.

Darüber hinaus bleibt auch in den Fällen, in denen grundsätzlich andere Rechtsschutzmöglichkeiten bestehen, die Unsicherheit, ob in einzelnen Fällen genügend Rechtsschutz gewährt wird. Besonders problematisch war der EWO-Fall[504], in welchem die Klage von Leiharbeitnehmern aufgrund anderer Möglichkeiten der Klageerhebung abgewiesen wurde. Nach den internen Vorschriften der entsprechenden Organisation konnte es durchaus sein, daß das interne Gericht der Organisation ebenfalls unzuständig ist.

Das vierte Merkmal ist, daß nach Ansicht des Schiedsspruches im bereits erwähnten Fall zwischen der Regierung der Bundesrepublik Deutschland und dem EMBL keine generelle, mit einem anderen Wort absolute Immunität Internationaler Organisation besteht. Immunität Internationaler Organisationen sollte nur für „amtliche Tätigkeiten“ gelten. Dies wirft die Frage auf, wie der Begriff

---

503 BVerwGE 91, S. 129.

504 Siehe dazu **3. Kapitel § 2. IV.** 3. b) cc).

„amtliche Tätigkeiten“ zu definieren ist und wonach die Art der Tätigkeit klassifiziert werden soll. Im Schiedsspruch wurde auf den Zweck der Internationalen Organisation abgestellt, der sich aus der Satzung oder der sonstigen Bestimmung der Organisation ergibt.

Aufgrund der Immunitätsbestimmungen Internationaler Organisationen soll Immunität Internationaler Organisationen im Sinne einer Begrenzung so weit bestehen, wie sie für die Erfüllung der Aufgaben der Internationalen Organisation notwendig ist.

Wegen der Autorität der Internationalen Organisationen wurde die Immunität Internationaler Organisationen in einem weiteren Umfang anerkannt, als dies bei Staaten der Fall ist. Um eine Unsicherheit bei Vertragspartnern der Internationalen Organisationen zu vermeiden, ist es wünschenswert, daß Internationale Organisationen insbesondere für ihre privatrechtlichen Beschaffungsgeschäfte regelmäßig Schiedsklauseln abschließen.

V. Zwischenergebnis

Die Vertragspraxis, innerstaatliche Rechtsprechung und Lehrmeinungen sind sich darüber einig, daß Internationale Organisationen Immunität von der Gerichtsbarkeit einzelner Staaten genießen. Die Reichweite der Immunität Internationaler Organisationen ist so weit anerkannt, wie sie für die Erreichung der Zwecke und für die Erfüllung der Aufgabe Internationaler Organisationen benötigt wird. Allerdings gibt es keine konkreten Merkmale, welche Tätigkeit organisationseigenen Aufgaben und Zielen dient.

Die Rechtsprechung nationaler Gerichte zeigt die Tendenz, daß sie die Entscheidung in bezug auf die Reichweite der gerichtlichen Immunität Internationaler Organisationen offenläßt. Demzufolge wird die Klage gegen Internationale Organisationen an andere Entscheidungsorgane, wie z. B. Schiedsgerichte einzelner Internationalen Organisation, oder sonstige interne Verfahren weitergeleitet.

Es ist umstritten, ob die Tätigkeiten Internationaler Organisationen in *acta jure imperii* und in *acta jure gestionis* wie bei der Gewährung der Staatenimmunität aufgeteilt werden können.

Bei der Überlegung in bezug auf die Immunität Internationaler Organisationen muß jedoch in Betracht gezogen werden, daß die Internationalen Organisationen heutzutage vielseitig aktiv sind und der Rechtsschutz für die Privatpersonen, die mit Internationalen Organisationen Rechtsgeschäfte durchführen, wichtig ist.

Um die Reichweite der gerichtlichen Immunität Internationaler Organisationen klarzustellen, werden die Immunität Internationaler Organisationen und die Staatenimmunität im nächsten Kapitel verglichen.

KAPITEL 4:

Unterschiede zwischen Staatenimmunität und Immunität Internationaler Organisationen

Um die Eigenschaft der Immunität Internationaler Organisationen zu verdeutlichen, wird die Immunität Internationaler Organisationen mit der Staatenimmunität verglichen. Problematisch bei der Immunitätsgewährung ist, wieweit Immunität für ausländische Staaten oder Internationale Organisationen anerkannt werden kann.

§ 1 Reichweite der Immunität

I. Gemäß völkerrechtlichen Verträgen

Hinsichtlich der Staatenimmunität besteht Konsens zwischen den Staaten in bezug auf die Reichweite der Immunität von einer ausländischen Gerichtsbarkeit. Dies ist besonders in der Kodifikationsarbeit der Völkerrechtskommission der Vereinten Nationen zu erkennen.

1. Staatenimmunität

Laut Entwurf der Völkerrechtskommission der Vereinten Nationen in bezug auf die Staatenimmunität (sog. *Draft Articles on Jurisdictional Immunities of State and Their Property*)[505] genießen Staaten Immunität für ihre hoheitlichen Tätigkeiten (= nichtwirtschaftlichen Tätigkeiten) in einem anderen Staat. Demgegenüber wird keine Immunität für ihre nichthoheitlichen Tätigkeiten gewährt.

Im Entwurf der Völkerrechtskommission der Vereinten Nationen hinsichtlich der Staatenimmunität ist auch das Entscheidungskriterium in bezug auf die Tätigkeit einzelner Staaten umrissen.[506] Nach dem Kodifikationsentwurf der Völkerrechtskommission wird nämlich die wirtschaftliche bzw. nichthoheitliche Tätigkeit von einer hoheitlichen Tätigkeit aufgrund der Natur der Tätigkeit,

---

505 Yearbook of the International Law Commission, 1991, Bd. II/2, S. 13 ff.

506 Artikel 2 § 2 des Kodifikationsentwurfes, in: Yearbook of the International Law Commission, 1991, Bd. II/2, S. 13 ff.

aber auch aufgrund des Zwecks, den der entsprechende Staat durch die Tätigkeit erreichen will, unterschieden.

Im ersten Augenblick klingt diese Bestimmung logisch. Mit beiden Kriterien können keine staatlichen Tätigkeiten, für die Immunität anerkannt werden soll, verfehlt werden. Anhand der beiden Kriterien könnte allerdings der Bereich, in dem einzelne Staaten oder deren Gerichte autonom entscheiden, ob die Immunität dem betroffenen Staat gewährt werden kann, erweitert werden.[507] Dies könnte dazu führen, daß es in der völkerrechtlichen Praxis in bezug auf die Staatenimmunität trotz Kodifikation zu Komplikationen kommen kann. Dieser Entwurf wird weiter in der Völkerrechtskommission behandelt, um den Inhalt zu konkretisieren.[508]

2. Immunität Internationaler Organisationen

Im Vergleich zu dem Zustand der Staatenimmunität ist der Kodifikationsversuch in bezug auf die Immunität Internationaler Organisationen weniger erfolgreich. Nach allgemeiner Praxis der Staaten oder Internationaler Organisationen ist anerkannt, daß die Internationalen Organisationen Immunität in einem Staat genießen. Beispielsweise sind Internationale Organisationen von der örtlichen Steuerpflicht und von der Zollbestimmung befreit. Ebenso sind die Räumlichkeiten und Archive Internationaler Organisationen unverletzbar.

Allerdings ist die Immunität Internationaler Organisationen von der nationalen Gerichtsbarkeit noch nicht so konkret ausgestaltet wie die Staatenimmunität. Der Grundsatz, daß die Internationalen Organisationen vor einem innerstaatlichen Gericht Immunität besitzen, ist zwar zwischen den Völkerrechtssubjekten allgemein anerkannt.[509] Umstritten ist aber, ob Internationale Organisationen gerichtliche Immunität vor einem nationalen Gericht immer genießen können. Ebenfalls streitig ist, wo diese Immunität ihre Grenzen findet.

Als allgemeiner Grundsatz der Immunität Internationaler Organisationen ist anerkannt, daß Internationale Organisationen nur für die Erreichung ihrer Ziele und für die Durchführung ihrer Aufgaben Immunität genießen. Sie dürfen nur in

---

507 Siehe dazu **2. Kapitel § 4**.

508 Siehe näher den jährlich veröffentlichen Bericht der Völkerrechtskommission: Yearbook of the International Law Commission.

509 Siehe dazu **3. Kapitel**.

den Bereichen tätig werden, die ihre Satzung bestimmt. Dabei ist problematisch, ob alle Handlungen Internationaler Organisationen als in Zwecke und Aufgaben Internationaler Organisationen verankerte Tätigkeiten anerkannt werden können.

Wenn dies bejaht wird, genießen Internationale Organisationen Immunität vor einem nationalen Gericht in bezug auf alle Handlungen inklusive der Beschaffungsgeschäfte, für die heutzutage sogar den Staaten Immunität versagt wird.

Werden nicht alle Handlungen Internationaler Organisationen als für den organisationseigenen Zweck und für ihre Aufgaben nötig anerkannt, müssen die Tätigkeiten Internationaler Organisationen in zwei Arten aufgeteilt werden: Eine, für die die Internationalen Organisationen Immunität genießen und eine andere, für die keine Immunität anerkannt wird. Dann ergibt sich dasselbe Problem wie bei der Staatenimmunität, bei welcher wirtschaftliche Tätigkeiten von der Immunitätsgewährung durch völkerrechtliche Verträge oder innerstaatliche Bestimmungen ausgenommen werden, nämlich, welches Kriterium für die Aufteilung der Tätigkeiten Internationaler Organisationen verwendet werden soll.

Um die Rechte der Privatpersonen, die mit Internationalen Organisationen Rechtsgeschäfte, z. B. Kaufgeschäfte für die Beschaffung von Büromaterial, durchführen, zu schützen, enthalten viele Immunitätsbestimmungen hinsichtlich Internationaler Organisationen Schiedsklauseln. Wenn eine Auseinandersetzung zwischen einer Privatperson und der betroffenen Internationalen Organisation entsteht, wird diese oft aufgrund der Schiedsklausel in bezug auf das jeweilige Rechtsgeschäft gelöst. Wenn eine Schiedsklausel in die Immunitätsbestimmungen Internationaler Organisationen nicht aufgenommen wurde, wie in zahlreichen Fällen des Internationalen Zinnrats,[510] kann der betroffene private Geschäftspartner der Internationalen Organisation seine Ansprüche nicht gerichtlich durchsetzen. Deshalb wird nicht nur aus der Sicht der völkerrechtlichen Praxis, sondern auch aus der Sicht des Schutzes von Privatpersonen erwartet, daß ein internationaler Vertrag abgeschlossen wird, der die Immunität Internationaler Organisationen regelt.

---

510 Siehe dazu I. Seidl-Hohenveldern, Piercing the Corporate Veil of International Organizations: The International Tin Council Case in the English Court of Appeals, in: GYIL, Bd. 32, 1989, S. 52.

Es gibt jedoch bis jetzt keinen Kodifikationsentwurf betreffend die Immunität Internationaler Organisationen in der Völkerrechtskommission der Vereinten Nationen.[511] Wenn die Praxis der einzelnen Staaten in bezug auf die Immunität Internationaler Organisationen so weit einheitlich wäre, hätte die Völkerrechtskommission der Vereinten Nationen längst versucht, einen Kodifikationsentwurf vorzulegen, damit die Immunität Internationaler Organisationen als Völkerrecht auch in vertraglicher Form anerkannt wird.

Soweit die Stellungnahme in bezug auf die Immunität Internationaler Organisationen nur von multilateralen Verträgen für eine bestimmte Internationale Organisation und von einzelnen innerstaatlichen Rechtsvorschriften abhängig ist,[512] kann kein fester Konsens in bezug auf Immunität Internationaler Organisationen bestehen.

II. Gemäß innerstaatlicher Rechtsprechung

Im Zusammenhang mit der Reichweite von Staatenimmunität und von Immunität Internationaler Organisationen sind häufig zwei Themen problematisch: Das eine davon sind arbeitsrechtliche Streitigkeiten zwischen Arbeitnehmern und ausländischen Staaten bzw. Internationalen Organisationen als Arbeitgeber. Eine solche Streitigkeit könnte beispielsweise zwischen lokalem Personal und einer ausländischen Botschaft stattfinden. Im allgemeinen ist in einem innerstaatlichen Gesetz zur Staatenimmunität eindeutig festgelegt, daß ausländische

---

511 Im Jahr 1975 wurde ein Kodifikationsentwurf über die Vertretung von Staaten in ihren Beziehungen zu internationalen Organisationen von der Völkerrechtskommission der Vereinten Nationen vorgelegt. Siehe dazu W. Lang, Das Wiener Übereinkommen über die Vertretung von Staaten in ihren Beziehungen zu internationalen Organisationen universellen Charakters, in: ZaöRV, Bd. 37, 1977, S. 43 ff.; P. H. F. Bekker, The Work of the International Law Commission on 'Relations between States and international organizations' Discontinued: An Assessment, in: Leiden Journal of International Law, Bd. 6, 1993, S. 3 ff.; J. G. Fenessy, The 1975 Vienna Convention on the Representation of States in their Relations with International Organizations of a Universal Character, in: AJIL, Bd. 70, 1976, S. 62 ff. allerdings hat die Völkerrechtskommission der Vereinten Nationen im Jahr 1992 entschieden, sich damit nicht weiter zu beschäftigen. Siehe Yearbook of the International Law Commission, 1992, Bd. II/2, S. 52 f.

512 W. J. Habscheid, Die Immunität internationaler Organisationen, in: Zeitschrift für Zivilprozeßrecht, Bd. 110, 1997, S. 272 f.

Staaten bei arbeitsrechtlichen Streitigkeiten keine Immunität genießen.[513] Deshalb wird eine solche Streitigkeit stets unproblematisch vor innerstaatlichen Gerichten verhandelt. Demgegenüber genießen Internationale Organisationen in der Regel bei arbeitsrechtlichen Streitigkeiten mit ihren Bediensteten Immunität. Innerstaatliche Gerichte halten arbeitsrechtliche Streitigkeiten zwischen Internationalen Organisationen und ihren Bediensteten für ein organisationsinternes Problem. Demzufolge entscheiden die innerstaatlichen Gerichte, daß Internationale Organisationen nicht ihrer Gerichtsbarkeit unterworfen sind. Internationale Organisationen genießen somit Immunität vor innerstaatlichen Gerichten. Ausgenommen von dieser Immunität für arbeitsrechtliche Streitfälle zwischen Internationalen Organisationen und ihren Bediensteten sind die Streitigkeiten zwischen Internationalen Organisationen und ihren nach dem jeweils örtlich geltenden Arbeitsrecht eingestellten Angestellten.

Das zweite Problem ist, für welche Tätigkeiten die jeweiligen Völkerrechtssubjekte Immunität von innerstaatlicher Gerichtsbarkeit genießen. Im Fall der Staaten ist eine restriktive Immunität von verschiedenen innerstaatlichen Gerichten allgemein anerkannt.[514] Dies bedeutet, daß souveräne Staaten keine Immunität für ihre nichthoheitlichen oder mit anderen Worten wirtschaftlichen Tätigkeiten genießen. Unter den Begriffen „nichthoheitliche" oder „wirtschaftliche" Tätigkeiten sind beispielsweise Kauf-, Leasing- oder Finanzverträge wie etwa zur Anschaffung von Büromaterial zu verstehen.

Innerstaatliche Gerichte akzeptieren bei Internationalen Organisationen eine größere Reichweite der Immunität als bei Staaten. Demzufolge wird einer Internationalen Organisation vor innerstaatlichen Gerichten die Immunität auch für Beschaffungsgeschäfte[515] gewährt. Internationale Organisationen genießen – dies ist das entscheidende Kriterium – dann Immunität, wenn sie die entsprechenden Tätigkeiten für die Erreichung ihrer Zwecke und für die Erfüllung ihrer Aufgaben benötigen.

---

513 Vgl. der amerikanische *Foreign Sovereign Immunities Act* und der britische *State Immunity Act*.

514 Siehe dazu **2. Kapitel. § 3**.

515 Dazu siehe oben **3. Kapitel. § 2. II.** 3.

III. Gemäß Eigenschaften von Staaten und Internationalen Organisationen

Bei der Immunität Internationaler Organisationen gibt es im Gegensatz zur Staatenimmunität keine Reziprozität dieser Immunität. Reziprozität bedeutet, daß zwar die souveränen Staaten den Internationalen Organisationen Immunität gewähren, Internationale Organisationen ihrerseits jedoch den Staaten keine Immunität einräumen. In diesem Sinne ist die Immunität Internationaler Organisationen einseitig.

Demgegenüber beruft sich die Staatenimmunität auf Reziprozität. Staaten erkennen sich wechselseitig Immunität zu. Die souveräne Gleichheit der Staaten führt dazu, daß ein Staat sich nicht der Gerichtsbarkeit eines anderen Staats unterwirft. Also genießen Staaten Immunität vor ausländischen Gerichten. Wenn also ein Staat einem anderen Staat in einem bestimmten Fall Immunität gewährt, erwartet er damit bereits, daß dieser Staat ihm selbst in einem ähnlichen Fall Immunität zubilligt.

Ein weiteres Merkmal, anhand dessen der Unterschied zwischen der Staatenimmunität und der Immunität Internationaler Organisationen bestimmt werden kann, ist die Tatsache, daß die Staatenimmunität aufgrund der Souveränität der Staaten gewährt wird. Demgegenüber wird Internationalen Organisationen die Immunität im Blick auf ihre Autorität, Selbständigkeit oder Unparteilichkeit zuerkannt. Staaten sind grundsätzlich mit ihrer Entstehung souverän. Demgegenüber ist die Autorität Internationaler Organisationen nicht gleichsam von Natur aus anerkannt, sondern muß durch ein bestimmtes Verhalten anderer Völkerrechtssubjekte erworben werden. Wenn bereits eine allgemeine Überzeugung bestünde, daß Internationale Organisationen als solche von niemandem beeinflußt werden, könnte Internationalen Organisationen nur für rein hoheitliche Tätigkeiten Immunität zuerkannt werden. Da es allerdings in den meisten Fällen nicht sicher ist, ob die Internationalen Organisationen tatsächlich gänzlich unabhängig von anderen Völkerrechtssubjekten ihre Aufgaben erfüllen und ihre Meinung durchsetzen können, reicht die Anerkennung einer Immunität nur für den Kernbereich der Tätigkeiten Internationaler Organisationen nicht aus. Vielmehr müssen Internationale Organisationen Immunität zum Beispiel auch für ihre Beschaffungsgeschäfte genießen.

Der Unterschied zwischen der Völkerrechtspersönlichkeit von Staaten und von Internationalen Organisationen beeinflußt die Entwicklung der Immunität Internationaler Organisationen.

Die souveränen Staaten werden als „originelle" Völkerrechtssubjekte bezeichnet. Dies bedeutet, daß die souveränen Staaten Träger aller völkerrechtlichen Rechte und Pflichten sind. Die Völkerrechtspersönlichkeit von Staaten ist somit unbeschränkt.[516] Demgegenüber ist die Völkerrechtspersönlichkeit Internationaler Organisationen beschränkt.[517] Sie ergibt sich allein aus dem Willen ihrer Mitgliedstaaten und besteht nur, soweit ihre in der Satzung verankerten Kompetenzen reichen.

Da die Staaten unbeschränkte Völkerrechtspersönlichkeit besitzen, konnten sie ihren Tätigkeitsbereich in den letzten Jahren nicht nur in hoheitlicher, sondern auch in wirtschaftlicher Hinsicht stark erweitern. Umso mehr wurde bezweifelt, ob die Staaten weiterhin für alle ihre Tätigkeiten Immunität genießen sollen.

Die Völkerrechtspersönlichkeit Internationaler Organisationen ist von derjenigen der Staaten abgeleitet (sog. partielle Völkerrechtspersönlichkeit). Daher genießen Internationale Organisationen nur diejenigen Kompetenzen, die ihnen im Gründungsvertrag zugebilligt worden sind. Dies bedeutet, daß Internationale Organisationen außerhalb des ihnen durch diesen völkerrechtlichen Vertrag zugewiesenen Bereichs nicht tätig sein dürfen.

§ 2 Völkergewohnheitsrechtliche Immunität für Internationale Organisationen und Resümee

Wenn Immunität Internationaler Organisationen vertraglich geregelt ist, ist sie zwischen Vertragsparteien problemlos. Allerdings sind viele Internationalen Organisationen nicht nur in ihren Mitgliedstaaten, sondern auch in Nichtmitgliedstaaten oder in den Staaten, mit denen Internationale Organisationen keinen Vertrag über Immunität abgeschlossen haben, tätig. Um Internationalen Organisationen Immunität ohne vertragliche Begründung zu gewähren, ist Völkergewohnheitsrecht als Rechtsgrundlage vorstellbar.

Es ist festzustellen, daß Immunitätsbestimmungen in bezug auf Internationale Organisationen ähnlich sind.[518] Beispielsweise sind die Unverletzbarkeit von Archiven und Gebäuden Internationaler Organisationen, Steuerfreiheit und

---

516 V. Epping, in: K. Ipsen, Völkerrecht, 4. Aufl., 1999, S. 53.

517 E. Klein, in: W. G. Vitzthum, Völkerrecht, 2. Aufl., 2001, S. 305.

518 Siehe dazu **3. Kapitel. § 2 I** und **IV**.

Befreiung von lokaler Gerichtsbarkeit in allen Immunitätsbestimmungen geregelt. In Folge der Ähnlichkeit der Immunitätsbestimmungen in bezug auf Internationale Organisationen kann die Auffassung vertreten werden, daß Völkergewohnheitsrecht bestehe.[519] Allerdings kann diese Tatsache auch anders ausgelegt werden, nämlich dahingehend, daß die verbreitete Vertragspraxis in bezug auf Immunität Internationaler Organisationen die Notwendigkeit von Verträgen belege, um Internationalen Organisationen Immunität zukommen zu lassen.[520] Dies würde bedeuten, daß Immunität Internationaler Organisationen in vertraglicher Form geregelt werden müßte, weil kein Völkergewohnheitsrecht darüber bestehe.

Völkerrechtliche Verträge stellen als solche in keinem Fall eine Übung im Sinne des Artikel 38 Absatz 1 lit. b des IGH-Statuts[521] dar.[522] Allerdings können Verhaltensweisen, die in völkerrechtlichen Verträgen geregelt sind, gewohnheitsrechtliche Geltung erlangen, wenn diese Verhaltensweisen sich über die Vertragsparteien hinaus als allgemeinverbindliche Rechtsakte verbreiten.[523] Somit könnte die Auffassung vertreten werden, daß bei globalen Internationalen Organisationen wie den Vereinten Nationen oder ihren Sonderorganisationen die Möglichkeit bestehe, Immunität Internationaler Organisationen als Völkergewohnheitsrecht anzuerkennen. Der Grund dafür liege darin, daß die Vertragspraxis in bezug auf Immunität der jeweiligen Organisation weltweit ist.[524]

Es ist allerdings schwer festzustellen, ob das Verhalten einzelner Völkerrechtssubjekte bezüglich der Immunität Internationaler Organisationen einheitlich ist.

---

519 I. Seidl-Hohenveldern, Dienstrechtliche Klagen gegen Internationale Organsiationen, in: Festschrift für Hans-Jürgen Schlochauer, 1981, S. 628. Mehr über das Thema Verträge als Beleg für Gewohnheitsrecht siehe bei z. B. R. R. Baxter, Multilateral Treaties as Evidence of Customary International Law, in: BYIL, Bd. 41, 1965-6, S. 275; K. Doehring, Gewohnheitsrecht aus Verträgen, in: ZaöRV, Bd. 36, 1976, S. 77; Ulrich Scheuner, Internationale Verträge als Elemente der Bildung von völkerrechtlichem Gewohnheitsrecht, in: Festschrift für F. A. Mann, 1977, S. 420 ff.

520 K. Doehring, Gewohnheitsrecht aus Verträgen, in: ZaöRV, Bd. 36, 1976, S. 81.

521 BGBl. 1973 II, S. 505 ff.

522 ICJ Report 1985, S. 38; M. Bos, The Identification of Custom in International Law, in: GYIL, Bd. 25, 1982, S. 23. Allerdings existieren auch andere Meinungen. Siehe darüber M. Akehurst, Custom as a Source of International Law, in: BYIL, Bd. X, 1974-5, S. 42; G. J. H. van Hoof, Rethinking the Sources of International Law, 1983, S. 109.

523 Artikel 38 des Wiener Übereinkommens über das Recht der Verträge, in: BGBl. 1985 II, S. 926 ff.

524 A. Reinisch, International Organizations before National Courts, 2000, S. 147.

Es besteht Konsens darüber, daß Internationale Organisationen so weit Immunität genießen, wie sie die Immunität für ihre Aufgabenerfüllung und für ihre Zielerreichung benötigen.[525] Unklar ist jedoch, in welchem Umfang Internationalen Organisationen Immunität gewährt werden soll. Über die konkrete Reichweite der Immunität Internationaler Organisationen ist bisher keine einheitliche Übung von Völkerrechtssubjekten festzustellen. Wenn man nämlich die Staatenpraxis im Zusammenhang mit der Reichweite der Immunität Internationaler Organisationen analysiert, ist nur schwer festzustellen, inwieweit Internationalen Organisationen Immunität zuerkannt wird. Streitig ist sogar, ob man die Tätigkeiten Internationaler Organisationen in zwei Arten, sog. hoheitliche und nichthoheitliche Tätigkeiten, aufteilen kann. Wenn die Tätigkeiten Internationaler Organisationen nicht aufgeteilt werden können, dann müssen Internationale Organisationen Immunität für sämtliche ihrer Tätigkeiten genießen. Wenn die Tätigkeiten Internationaler Organisationen – sowie bei der Staatenimmunität – in hoheitliche und in nichthoheitliche Tätigkeiten aufgeteilt werden können, ist umstritten, ob Internationale Organisationen auch wie die Staaten nur für ihre hoheitlichen Tätigkeiten Immunität genießen, oder doch anders als die Staaten, für alle ihre Tätigkeiten Immunität genießen.

Die Staatenpraxis, welche als ein Element für das Entstehen eines Völkergewohnheitsrechts anzuerkennen ist, gewährt also Internationalen Organisationen nur eine beschränkte Immunität. Diese gewährt sie den Internationalen Organisationen nur in einem solchen Umfang, wie sie Internationale Organisationen für ihre organisationseigenen Aufgaben und Ziele, was immer diese sein mögen, benötigen.

Hierbei ist problematisch, ob alle Völkerrechtssubjekte die Immunität einer Internationalen Organisation anerkennen müssen. Internationale Organisationen werden durch internationale Vereinbarungen gegründet. Allerdings sind in der Regel nicht alle Völkerrechtssubjekte an einer solchen Vereinbarung beteiligt. Staaten werden erst dann Mitglied einer Internationalen Organisation, wenn sie den Gründungsvertrag der entsprechenden Internationalen Organisation unterschreiben und gegebenenfalls ratifizieren.[526] Fraglich ist dann allerdings, ob das oben dargestellte Völkergewohnheitsrecht auch für Nichtmitgliedstaaten gilt.

---

525 Vgl. **3. Kapitel § 2. I.** und **II.**

526 **1. Kapitel § 1. I.**

Im Hinblick auf die völkerrechtliche Praxis ist bisher kein Fall ersichtlich, in welchem eine Internationale Organisation ohne ausdrückliche Vereinbarung in einem Nichtmitgliedstaat ihre Immunität behauptet hat. Hier fehlt es also an einer völkerrechtlichen Praxis.

Literaturverzeichnis

Akehurst, Michael:
Custom as a Sources of International Law, in: BYIL, Bd. 47, 1974-5, S. 1 ff.

Akehurst, Michael:
Modern Introduction to International Law, 1988.

Alexy, Helmut:
Der Einfluß der Exekutive und innerstaatlichen Rechtsgrundsätze auf die amerikanische Rechtsprechung zur Immunität fremder Staaten, in: ZaöRV, Bd. 22/4, 1962, S. 680 ff.

Baxter, Richard R.:
Multilateral Treaties as Evidence of Customary International Law, in: BYIL, Bd. 41, 1965-6, S. 275 ff.

Beitzke, Günther:
Zivilrechtsfähigkeit von auf Staatsvertrag beruhenden internationalen Organisationen und juristischen Personen, in: Berichte der deutschen Gesellschaft für Völkerrecht, Bd. 9, 1969, S. 77 ff.

Bekker, Peter H. F.:
The Work of the International Law Commission on 'Relations between States and International Organizations' Discontinued: An Assessment, in: Leiden Journal of International Law, Bd. 6, 1993, S. 3 ff.

Berg, Axel:
The Nordic Council, in: Encyclopedisa of Public International Law, Bd. III, 1997, S. 639.

Bos, Maarten:
The Identification of Custom in International Law, in: German Yearbook of International Law, Bd. 25, 1982, S. 9 ff.

Brownlie, Ian:
Principles of Public International Law, 4. Aufl., 1996.

Cranch, William:
Reports of Cases argued and adjudged in the Supreme Court of the United States, Bd. 7, S. 116 ff.

Crawford, James:
International Law and Foreign Souvereigns: Distinguishing Immune Transactions, in: BYIL, Bd. 54, 1983, S. 75 ff.

Creifelds:
Rechtswörterbuch, 15. Aufl., 1999.

Cully, Kathleen:
Jurisdictional Immunities of Intergovernmental Organizations, in: The Yale Law Journal, Bd. 91, 1982, S. 1167 ff.

Damian, Helmut:
Staatenimmunität und Gerichtszwang, 1985.

Delaume, Georges R.:
The State Immunity Act of the United Kingdom, in: AJIL, Bd. 73, 1979, S. 185 ff.

Doehring, Karl:
Gewohnheitsrecht aus Verträgen, in: ZaöRV, Bd. 36, 1976, S. 77 ff.

Doehring, Karl:
Völkerrecht, 1999.

Farrugia, Antoinette A.:
Boimah v. United Nations General Assembly: International Organizations Immunity is Absolutely not Restrictive, in: Brooklyn Journal of International Law, Bd. XV, 1989, S. 510.

Faßbender, Bardo:
Die Völkerrechtssubjektivität internationaler Organisationen, in: Österreichische Zeitschrift für öffentliches Recht und Völkerrecht, Bd. 37, 1986, S. 17 ff.

Fenessy, J. G.:
The 1975 Vienna Convention on the Representation of States in their Relations with International Organizations of a Universal Character, in: AJIL, Bd. 70, 1976, S. 62 ff.

Frantz Wendt:
The Nordic Council and the Nordic Council of Ministers Structure and Functions, 1973, S. 3.

Gaillard, Emmanuel / Pingel-Lenuzza, Isabelle:
International Organisations and Immunity from Jurisdiction: To restrict or to Bypass, in: International and Comparative Law Quarterly, Bd. 51, 2002, S. 5.

Glenn, Gordon H. / Kearney, Mary M. / Padilla, David J.:
Immunities of International Organizations, in: Virginia Journal of International Law, Bd. 22, 1982, S. 247 ff.

Gordon, Mark:
Casenote, in: Harvard International Law Journal, Bd. 21, 1980, S. 552 ff.

Gornig, Gilbert:
Immunität von Staatsoberhäuptern, in: Jörn Ipsen / Edzard Schmidt-Jortzig (Hrsg.), Recht-Staat-Gemeinwohl. Festschrift für Dietrich Rauschning, 2001, S. 457 ff.

Greener, Gary J.:
The Commercial Exception to Foreign Sovereign Immunity: To Be Immune or Not to Be Immune? That is the Question, in: Loyola of Los Angeles International & Comparative Law Journal, Bd. 15, 1992, S. 173 ff.

Greenwood, Christopher:
Put not your trust in princes: The Tin Council Appeals, in: The Cambridge Law Journal, Bd. 48, 1989, S. 46 ff.

Greenwood, Christopher:
The Tin Council Litigation in the House of Lords, in: The Cambridge Law Journal, Bd. 49, 1990, S. 8 ff.

Habscheid, Walter J.:
Die Staatenimmunität im Erkenntnis- und Vollstreckungsverfahren, in: Walter J. Habscheid / Hans-Joachim Hoffmann-Nowotny / Willy Linder / Artur Meier-Hayoz (Hrsg.), Freiheit und Zwang: rechtliche, wirtschaftliche und gesellschaftliche Aspekte. Festschrift zum 60. Geburtstag von Professor Dr. iur. Dr. phil. Hans Giger, 1989.

Habscheid, Walter J.:
Die Immunität internationaler Organisationen im Zivilprozeß, in: Zeitschrift für Zivilprozeßrecht, Bd. 110, 1997, S. 269 ff.

Hackworth, Green Haywood:
Digest of International Law, 1941.

Hailbronner, Kay:
Völkerrechtliche und staatsrechtliche Aspekte fiskalischer Immunität im Sitzstaatabkommen des Europäischen Laboratorium für Molekularbiologie, in German Yearbook of International Law, Bd. 22, 1979, S. 313 ff.

Hammerschlag, Daniel:
Morgan v. International Bank for Reconstruction and Development, in: Maryland Journal of International Law and Trade, Bd. 16, 1992, S. 279 ff.

Henderson, Frances Wright:
How Much Immunity for International Organizations ?: Mendaro v. World Bank, in: North Carolina Journal of International Law and Commercial Regulation, Bd. 10, 1985, S. 487 ff.

Herdegen, Matthias:
Bemerkungen zur Zwangsliquidation und zum Haftungsdurchgriff bei internationalen Organisationen, in: ZaöRV, Bd. 47, 1987, S. 537 ff.

Herdegen, Matthias:
Europarecht, 4. Aufl., 2002.

Herndl, Kurt:
Zur Problematik der Gerichtsbarkeit über fremde Staaten, in: Herbert Miehsler / Erhard Mock / Bruno Simma / Ilmar Tammelo (Hrsg.), Ius humanitatis. Festschrift zum 90. Geburtstag von Alfred Verdross, 1980, S. 421 ff. (zitiert als Festschrift für Alfred Verdross).

Higgins, Rosalyn:
Recent Development in the Law of Sovereign Immunity in the United Kingdom, in: AJIL, Bd. 71, 1977, S. 423 ff.

Higgins, Rosalyn:
Certain Unresolved Aspects of the Law of State Immunity, in: Netherlands International Law Review, Bd. 29, 1982, S. 265 ff.

Higgins, Rosalyn:
Problems & Process International Law and How We Use it, 1995.

Ipsen, Knut:
Völkerrecht, 4. Aufl., 1999.

Jenks, C. Wilfred:
International Immunities, 1961.

Jennings, Robert (Hrsg.):
Oppenheim's International Law, 9. Aufl., Bd. I, 1992.

Kelsen, Hans:
The Law of the United Nations, 1951.

Kimminich, Otto / Hobe, Stephan:
Einführung in das Völkerrecht, 7. Aufl., 2000.

Köck, Heribert F.:
Die „implied powers" der Europäischen Gemeinschaften als Anwendungsfall der „implied powers" internationaler Organisationen überhaupt, in: Karl-Heinz Böckstiegel / Hans-Ernst Folz / Jörg Manfred Mössner / Karl Zemanek (Hrsg.), Völkerrecht-Recht der Internationalen Organisationen-Weltwirtschaftsrecht. Festschrift für Ignaz Seidl-Hohenveldern, München 1988, S. 279 ff. (zitiert als Festschrift für Ignaz Seidl-Hohenveldern).

Kozevnikov, Fedor I. (Hrsg.):
Völkerrecht, 1960.

Kunz, Josef L.:
Privileges and Immunities of International Organizations, in: AJIL, Bd. 41, 1947, S. 828 ff.

Kunz-Hallstein, Hans P.:
Privilegien und Immunitäten internationaler Organisationen im Bereich nicht hoheitlichen Privatrechtsgeschäfte, in: NJW 1992, S. 3072 ff.

Lang, Winfried:
Das Wiener Übereinkommen über die Vertretung von Staaten in ihren Beziehungen zu internationalen Organisationen universellen Charakters, in: ZaöRV, Bd. 37, 1977, S. 43 ff.

Lauterpacht, Sir Hersch:
The Problem of Jurisdictional Immunities of Foreign States, in: BYIL, Bd. 28, 1951, S. 220 ff.

Marston, Geoffrey:
United Kingdom Materials on International Law, in: BYIL, Bd. 52, 1981, S. 391ff.

Michaels, David B.:
International Privileges and Immunities, 1971.

Müncherner Kommentar
zur Zivilprozeßordnung mit Gerichtsverfassungsgesetz und Nebengesetzen, Bd. 3, 1992.

Opail, Richard J.:
Immunity of International Organizations in United States Courts: Absolute or Restrictive, in: Vanderbilt Journal of Transnational Law, Bd. 24, 1991, S. 689 ff.

O'Toole, Thomas J.:
Sovereign Immunity Redivivus: Suits Against International Organizations, in: Suffolk Transnational Law Journal, Bd. 4, 1980, S. 1 ff.

Preuss, Lawrence:
The International Organizations Immunities Act, in: AJIL, Bd. 40, 1946, S. 332 ff.

Rensmann, Thilo:
Internationale Organisationen im Privatrechtsverkehr, in: Archiv des Völkerrechts, Bd. 36, 1998, S. 305 ff.

Ress, Georg:
Entwicklungstendenzen der Immunität ausländischer Staaten, in: ZaöRV, Bd. 40, 1980, S. 222 ff.

Reinisch, August:
International Organizations Before National Courts, 2000.

Ruffert, Matthias:
Zuständigkeitsgrenzen internationaler Organisationen im institutionellen Rahmen der internationalen Gemeinschaft, in: Archiv des Völkerrechts, Bd. 38, 2000, S. 129 ff.

Sands, Philippe / Klein, Pierre (Hrsg.):
Bowett's Law of International Institutions, 5. Aufl., 2001.

Schaumann, Wilfried / Habscheid, Walther J.:
Die Immunität ausländischer Staaten nach Völkerrecht und deutschem Zivilprozeßrecht, in: Berichte der Deutschen Gesellschaft des Völkerrechts, Bd. 8, 1968.

Schermers, Henry J. / Blokker, Niels:
International Institutional Law, 3. Aufl., 1995.

Scheuner, Ulrich:
Internationale Verträge als Elemente der Bildung von völkerrechtlichem Gewohnheitsrecht, in: Werner Flume / Hugo J. Hahn / Gerhard Kegel / Kenneth R. Simmonds (Hrsg.), Internationales Recht und Wirtschaftsordnung: Festschrift für F. A. Mann zum 70. Geburtstag am 11. August 1977, 1977, S. 409 ff. (zitiert als Festschrift für F. A. Mann).

Schreuer, Christoph H.:
State Immunity, 1988.

Seidl-Hohenveldern, Ignaz:
Dienstrechtliche Klagen gegen Internationale Organisationen, in: Ingo von Münch (Hrsg.), Staatsrecht – Völkerrecht – Europarecht. Festschrift für Hans-Jürgen Schlochauer zum 75. Geburtstag, 1981, S. 615 ff. (zitiert als Festschrift für Hans-Jürgen Schlochauer).

Seidl-Hohenveldern, Ignaz:
Piercing the Corporate Veil of International Organizations: The International Tin Council Case in the English Court of Appeals, in: German Yearbook of International Law, Bd. 32, 1989, S. 43 ff.

Seidl-Hohenveldern, Ignaz:
Functional Immunity of International Organizations and Human Rights, in: Wolfgang Benedek / Hubert Isak / Renate Kicker (Hrsg.), Development and Developing International and European Law, Essays in Honour of Konrad Ginther on the Occation of his 65th Birthday, 1999, S. 137 ff. (zitiert als Festschrift für Konrad Ginther).

Seidl-Hohenveldern, Ignaz / Loibl, Gerhard:
Das Recht der Internationalen Organisationen einschließlich der Supranationalen Gemeinschaften, 7. Aufl., 2000.

Seidl-Hohenveldern, Ignaz / Stein, Torsten:
Völkerrecht, 10. Aufl., 2000.

Shaw, Malcalm N.:
International Law, 4 Aufl., 1997.

Sinclair, Ian:
The Law of Sovereign Immunity: Recent Developments, in: Recueil des Cours, Bd. 167, 1980, S. 113 ff.

Singer, Michael:
Jurisdictional Immunity of International Organizations: Human Rights and Functional Necessity Concerns, in: Virginia Journal of International Law, Bd. 36, 1995, S. 53 ff.

Sornarajah, M.:
Problems in Applying to Restrictive Theory of Souvereign Immunity, in: International and Comparative Law Quartely, Bd. 31, 1982, S. 661 ff.

Szasz, Paul C.:
International Organizations, Privileges and Immunities, in: Encyclopedia of Public International Law, Bd. II, 1995, S. 1325 ff.

The American Law Institute (Hrsg.):
Restatement of the Law Third, Foreign Relations Law of the United States, 1987.

Van Hoof, Godefridus J. H.:
Rethinking the Sources of International Law, 1983.

Verdross, Alfred / Simma, Bruno:
Universelles Völkerrecht, 3. Aufl., 1984.

Vitzthum, Wolfgang Graf (Hrsg.):
Völkerrecht, 2. Aufl., 1997.

Wenckstern, Manfred:
Handbuch des Internationalen Zivilverfahrensrechts Band II/1. Die Immunität internationaler Organisationen, 1994.

Wendt, F:
The Nordic Council and the Nordic Council of Ministers Structure and Functions, 1973.

Zöller, Richard (Hrsg.):
Zivilprozeßordnung, 23. Aufl., 2002, S. 2479.

Schriften zum internationalen und zum öffentlichen Recht

Herausgegeben von Gilbert Gornig

Band 1 Michael Waldstein: Das Asylgrundrecht im europäischen Kontext. Wege einer europäischen Harmonisierung des Asyl- und Flüchtlingsrechts. 1993.

Band 2 Axel Linneweber: Einführung in das US-amerikanische Verwaltungsrecht. Kompetenzen, Funktionen und Strukturen der "Agencies" im US-amerikanischen Verwaltungsrecht. 1994.

Band 3 Tai-Nam Chi: Das Herrschaftssystem Nordkoreas unter besonderer Berücksichtigung der Wiedervereinigungsproblematik. 1994.

Band 4 Jörg Rösing: Beamtenstatut und Europäische Gemeinschaften. Eine Untersuchung zu den gemeinschaftsrechtlichen Anforderungen an die Freizügigkeit der Arbeitnehmer im Bereich des öffentlichen Dienstes. 1994.

Band 5 Wolfgang Wegel: Presse und Rundfunk im Datenschutzrecht. Zur Regelung des journalistischen Umgangs mit personenbezogenen Daten. 1994.

Band 6 Sven Brandt: Eigentumsschutz in europäischen Völkerrechtsvereinbarungen. EMRK, Europäisches Gemeinschaftsrecht, KSZE – unter Berücksichtigung der historischen Entwicklung. 1995.

Band 7 Alejandro Alvarez: Die verfassunggebende Gewalt des Volkes unter besonderer Berücksichtigung des deutschen und chilenischen Grundgesetzes. 1995.

Band 8 Martin Thies: Zur Situation der gemeindlichen Selbstverwaltung im europäischen Einigungsprozeß. Unter besonderer Berücksichtigung der Vorschriften des EG-Vertrages über staatliche Beihilfen und der EG-Umweltpolitik. 1995.

Band 9 Rolf-Oliver Schwemer: Die Bindung des Gemeinschaftsgesetzgebers an die Grundfreiheiten. 1995.

Band 10 Holger Kremser: "Soft Law" der UNESCO und Grundgesetz. Dargestellt am Beispiel der Mediendeklaration. 1996.

Band 11 Michael Silagi: Staatsuntergang und Staatennachfolge: mit besonderer Berücksichtigung des Endes der DDR. 1996.

Band 12 Reinhard Franke: Der gerichtliche Vergleich im Verwaltungsprozeß. Auch ein Beitrag zum verwaltungsrechtlichen Vertrag. 1996.

Band 13 Christoph Eichhorn: Altlasten im Konkurs. 1996.

Band 14 Dietrich Ostertun: Gewohnheitsrecht in der Europäischen Union. Eine Untersuchung der normativen Geltung und der Funktion von Gewohnheitsrecht im Recht der Europäischen Union. 1996.

Band 15 Ulrike Pieper: Neutralität von Staaten. 1997.

Band 16 Harald Endemann: Kollektive Zwangsmaßnahmen zur Durchsetzung humanitärer Normen. Ein Beitrag zum Recht der humanitären Intervention. 1997.

Band 17 Jochen Anweiler: Die Auslegungsmethoden des Gerichtshofs der Europäischen Gemeinschaften. 1997.

Band 18 Henrik Ahlers: Grenzbereich zwischen Gefahrenabwehr und Strafverfolgung. 1998.

Band 19 Heinrich Hahn: Der italienische Verwaltungsakt im Lichte des Verwaltungsverfahrensgesetzes vom 7. August 1990 (Nr. 241/90). Eine rechtsvergleichende Darstellung. 1998.

Band 20 Christoph Deutsch: Elektromagnetische Strahlung und Öffentliches Recht. 1998.

Band 21 Cordula Fitzpatrick: Künstliche Inseln und Anlagen auf See. Der völkerrechtliche Rahmen für die Errichtung und den Betrieb künstlicher Inseln und Anlagen. 1998.

Band 22 Hans-Tjabert Conring: Korporative Religionsfreiheit in Europa. Eine rechtsvergleichende Betrachtung. Zugleich ein Beitrag zu Art. 9 EMRK. 1998.

Band 23 Jörg Karenfort: Die Hilfsorganisation im bewaffneten Konflikt. Rolle und Status unparteiischer humanitärer Organisationen im humanitären Völkerrecht. 1999.

Band 24 Matthias Schote: Die Rundfunkkompetenz des Bundes als Beispiel bundesstaatlicher Kulturkompetenz in der Bundesrepublik Deutschland. Eine Untersuchung unter besonderer Berücksichtigung natürlicher Kompetenzen und der neueren Entwicklung im Recht der Europäischen Union. 1999.

Band 25 Hermann Rothfuchs: Die traditionellen Personenverkehrsfreiheiten des EG-Vertrages und das Aufenthaltsrecht der Unionsbürger. Eine Gegenüberstellung der vertraglichen Gewährleistungen. 1999.

Band 26 Frank Alpert: Zur Beteiligung am Verwaltungsverfahren nach dem Verwaltungsverfahrensgesetz des Bundes. Die Beteiligtenstellung des § 13 Abs. 1 VwVfG. 1999.

Band 27 Matthias Reichart: Umweltschutz durch völkerrechtliches Strafrecht. 1999.

Band 28 Nikolas von Wrangell: Globalisierungstendenzen im internationalen Luftverkehr. Entwicklung der Regulierung und Liberalisierung unter Berücksichtigung strategischer Allianzen und des Code-Sharing. 1999.

Band 29 Marietta Hovehne: Ein demokratisches Verfahren für die Wahlen zum Europäischen Parlament. Legitimation gemeinschaftlicher Entscheidungsstrukturen im europäischen Integrationsprozeß. 1999.

Band 30 Nina Kaden: Der amerikanische Clean Air Act und das deutsche Luftreinhalterecht. Eine rechtsvergleichende Untersuchung. 1999.

Band 31 Brigitte Daum: Grenzverletzungen und Völkerrecht. Eine Untersuchung der Rechtsfolgen von Grenzverletzungen in der Staatenpraxis und Folgerungen für das Projekt der International Law Commission zur Kodifizierung des Rechts der Staatenverantwortlichkeit. 1999.

Band 32 Andreas Fürst: Die bildungspolitischen Kompetenzen der Europäischen Gemeinschaft. Umfang und Entwicklungsmöglichkeiten. 1999.

Band 33 Gilles Despeux: Die Anwendung des völkerrechtlichen Minderheitenrechts in Frankreich. 1999.

Band 34 Michael Reckhard: Die rechtlichen Rahmenbedingungen der Sanktionierung von Beitragsverweigerung im System der Vereinten Nationen. 1999.

Band 35 Carsten Pagels: Schutz- und förderpflichtrechtliche Aspekte der Religionsfreiheit. Zugleich ein Beitrag zur Auslegung eines speziellen Freiheitsrechts. 1999.

Band 36 Bernhard Mehner: Die grenzüberschreitende Wirkung direktempfangbaren Satellitenfernsehens aus völkerrechtlicher Sicht. 2000.

Band 37 Karl-Josef Ulmen: Pharmakologische Manipulationen (Doping) im Leistungssport der DDR. Eine juristische Untersuchung. 2000.

Band 38 Jochen Starke: Die verfassungsgerichtliche Normenkontrolle durch den Conseil constitutionnel. Zum Kompetenztitel des Art. 61 der französischen Verfassung. 2000.

Band 39 Marco Herzog: Rechtliche Probleme einer Inhaltsbeschränkung im Internet. 2000.

Band 40 Gilles Despeux: Droit de la délimitation maritime. Commentaire de quelques décisions plutoniennes. 2000.

Band 41 Christina Hackel: Der Untergang des Landes Braunschweig und der Anspruch auf Restitution nach der Wiedervereinigung Deutschlands. 2000.

Band 42 Peter Aertker: Europäisches Zulassungsrecht für Industrieanlagen. Die Richtlinie über die integrierte Vermeidung und Verminderung der Umweltverschmutzung und ihre Auswirkungen auf das Anlagenzulassungsrecht der Bundesrepublik Deutschland. 2000.

Band 43 Karsten Bertram: Die Gesetzgebung zur Neuregelung des Grundeigentums in der ersten Phase der Französischen Revolution (bis 1793) und deren Bedeutung für die deutsche Eigentumsdogmatik der Gegenwart. 2000.

Band 44 Ulrike Hartmann: Die Entwicklung im internationalen Umwelthaftungsrecht unter besonderer Berücksichtigung von *erga omnes*-Normen. 2000.

Band 45 Thomas Jesch: Die Wirtschaftsverfassung der Sonderverwaltungsregion Hongkong. Eine Darstellung vor dem Hintergrund der Wiedereingliederung in die Souveränität der Volksrepublik China. 2001.

Band 46 Sven Gottschalkson: Der Ausschluß des Zivilrechtsweges bei Eigentumsverlusten an Immobilien in der ehemaligen DDR. 2002.

Band 47 Gilbert Hanno Gornig/Gilles Despeux: Seeabgrenzungsrecht in der Ostsee. Eine Darstellung des völkerrechtlichen Seeabgrenzungsrechts unter besonderer Berücksichtigung der Praxis der Ostseestaaten. 2002.

Band 48 Andreas Zühlsdorff: Rechtsverordnungsersetzende Verträge unter besonderer Berücksichtigung des Umweltrechts. 2003.

Band 49 Katja Schmitz: Durchgriffswirkung von Maßnahmen der UN und ihrer Sonderorganisationen unter besonderer Berücksichtigung von Resolutionen des UN-Sicherheitsrates - Die Entwicklung supranationaler Strukturen. 2003.

Band 50 Stefanie Rothenberger: Die angemessene Nutzung gemeinschaftlicher Ressourcen am Beispiel von Flüssen und speziellen Ökosystemen. Eine vergleichende Betrachtung zum modernen Verständnis eines klassischen völkerrechtlichen Nutzungsprinzips. 2003.

Band 51 Christoph von Burgsdorff: Die Umsetzung der EG-Datenschutzrichtlinie im nicht-öffentlichen Bereich. Möglichkeit einer zukunftsorientierten Konzeption des Datenschutzes in der Privatwirtschaft unter besonderer Berücksichtigung des BDSG. 2003.

Band 52 Frank Reinhardt: Powerline. Verfassungs-, verwaltungs- und telekommunikationsrechtliche Probleme. 2003.

Band 53 Chie Sato: Immunität Internationaler Organisationen. 2004.

Annegret Streng

Dienstrecht in Internationalen Organisationen

Rechtsverfolgung, Sanktion und Schadenersatz

Frankfurt am Main, Berlin, Bern, Bruxelles, New York, Oxford, Wien, 2002.
XXVIII, 475 S.
Europäische Hochschulschriften: Reihe 2, Rechtswissenschaft. Bd. 3485
ISBN 3-631-39658-9 · br. € 65.40*

Internationale zwischenstaatliche Organisationen wie die Vereinten Nationen, das internationale Arbeitsamt und die Weltbank genießen gegenüber ihren Sitzstaaten Immunität, die auch gegenüber ihren Beschäftigten, den sog. internationalen Bediensteten gilt. Um die Bediensteten nicht rechtlos zu stellen, wurden sog. internationale Verwaltungsgerichte eingerichtet, die sich ausschließlich mit Dienstrechtsstreitigkeiten zwischen den Organisationen und deren Bediensteten befassen. Die Prozeßordnungen und Gerichtsstatuten regeln Zuständigkeit, Kompetenzen und Verfahren und weisen den unabhängigen Gerichten insbesondere das Recht zu, eine rechtswidrige Entscheidung der jeweiligen Organisation aufzuheben oder Schadenersatz zuzusprechen. Diese Gerichte haben das internationale Dienstrecht durch ihre Rechtsprechung geprägt. Die Arbeit beschäftigt sich mit den zentralen Fragen: Wie hat sich dieses Recht seit etwa 70 Jahren – von nationalen Rechtssystemen losgelöst – entwickelt, das für die Bediensteten aller der Gerichtsbarkeit unterworfenen Organisationen gelten soll? Welche allgemeinen Rechtsprinzipien und welche Grundsätze dieses besonderen Schadenersatzrechtes haben die Gerichte in ihrem Fallrecht herausgearbeitet?

Aus dem Inhalt: Internationale Organisationen · Internationale Verwaltungsgerichte · Internationales Dienstrecht · Rechtsquellen vor den Internationalen Verwaltungsgerichten · Allgemeine Rechts- grundsätze · Allgemeine Rechtsprinzipien · Dienstrechtsstreitigkeiten · Grundsätze des Schadenersatzes vor den internationalen Verwaltungsgerichten · Schmerzensgeld wegen Persönlichkeitsverletzung

Frankfurt am Main · Berlin · Bern · Bruxelles · New York · Oxford · Wien
Auslieferung: Verlag Peter Lang AG
Moosstr. 1, CH-2542 Pieterlen
Telefax 00 41 (0) 32 / 376 17 27

*inklusive der in Deutschland gültigen Mehrwertsteuer
Preisänderungen vorbehalten

Homepage http://www.peterlang.de